Arnold von Lasaulx

Das Riesige und das Winzige in der Geologie

Arnold von Lasaulx

Das Riesige und das Winzige in der Geologie

ISBN/EAN: 9783744604741

Hergestellt in Europa, USA, Kanada, Australien, Japan

Cover: Foto ©ninafisch / pixelio.de

Weitere Bücher finden Sie auf **www.hansebooks.com**

DAS RIESIGE

UND DAS

WINZIGE IN DER GEOLOGIE

VON

Dr. A. VON LASAULX.

BONN.
VERLAG VON MAX COHEN & SOHN.
1872.

I.

Die Ansichten des Menschen über Bildungsvorgänge in der Natur sind im wesentlichen das Resultat unmittelbarer Beobachtung im Kreise der eigenen Erfahrung. Die Annahme, dass der grössere Theil unserer festen Erdkruste seine Ausbildung gewaltsamen Katastrophen verdankt, ist der Reflex der glänzenden und riesigen Erscheinungen, die von jeher bis zu unseren Tagen den Menschen furchtsame Bewunderung und wohlbegründeten Schrecken aufzwangen. Schon im Alterthume, soweit uns dessen geistige Entwickelung in den Schriften der verschiedenen Völker, vorzugsweise der Griechen und Römer ausgeprägt erhalten ist, lässt sich das nicht verkennen. In allen den Gegenden waren vollkommen vulkanische Ansichten über die Entstehung der Erde entwickelt, wo die Anwesenheit thätiger Vulkane mit ihren feurigen Wundern, ihren gewaltigen Zuckungen, ihrer vernichtenden Zerstörung den Bewohnern Gelegenheit gab, die Machtfülle dieser Arbeitsstätten des Vulkan und seiner Riesen zu verstehn. Eine der ältesten wenigen Schilderungen über die in geschichtlicher Zeit durch vulkanischen Ausbruch gebildeten Inseln gibt uns Strabo, der trefflichste Kenner der geographischen Verhältnisse der alten Welt. Es bezieht sich seine Schilderung auf die Erhebung einer der Inseln bei Santorin, eine Inselgruppe, deren bis in unsere Tage fortdauernde vulkanische Thätigkeit noch im Jahre 1866 auf's neue Gelegenheit gegeben hat, diese Erscheinungen durch den Augenschein zu studiren. Um das Jahr 197 v. Ch. brachen nach Strabo mitten zwischen Thera und Therasia vier Tage lang Flammen aus dem Meere empor, so dass das ganze Meer glühte und brannte, und nach und nach hoben die Flammen, wie mit Instrumenten, eine Insel empor, die aus glühender Masse bestand und 12 Stadien im Umfang hatte. Es sei nur dieses eine Beispiel angeführt; denn wenn auch noch andere Schilderungen ähnlicher Vorgänge auf uns gekommen sind, so ist doch unzweifelhaft die Erinnerung des weitaus grössten Theiles solcher Erscheinungen aus der Geschichte verschwunden. Hier kommt es nur darauf an, zu zeigen, welchen Einfluss solche Ereignisse auf die Ansichten der Augenzeugen haben mussten. Aus den vereinzelten Vorgängen zog man verallgemeinerte Schlüsse: Alles Festland konnte in gleicher Weise gehoben sein. Und so sprach Apollonius um 200 n. Ch., als plötzlich ein Erdbeben Creta erschütterte und der Donner in der Erde erdröhnte, zu der furchtsamen Menge: «Fasst Euch! das Meer hat ein Land geboren!» Er sprach aber mit diesen Worten die herrschende vulkanische Lehre aus. Einem ganz gleichen Zusammenhange der Ideen begegnen wir noch bei den ersten Forschern der Geologie der allerjüngsten Vorzeit. Werner, der grosse Begründer der Mineralogie und der Schichtenlehre unserer Erdkruste, trug zu Ende des vorigen Jahrhunderts an der Bergakademie zu Freiberg zum erstenmale diese Wissenschaft systematisch vor. Der vulkanischen Thätigkeit, die er aus eigener Anschauung nicht kannte, da ihn keine Reisen über die Grenzen seines engen Vaterlandes Sachsen hinausführten, liess er fast keinen Antheil an der Bildung der Gesteine und Gebirge. Aber schon seine Schüler, und zu seinen Füssen haben die grössten Geologen unseres Jahrhunderts gesessen, es seien nur die Namen Leopold von Buch und Alexander von Humboldt genannt, schon sie lernten die vulkanischen Erscheinungen in ihren riesenhaftesten Formen kennen. Und davon war dann die Folge eine ganz verallgemeinerte Anwendung der vulkanischen Erfahrungen auf die Erklärung der Bildung der Erdkruste. Dem ganzen Aufbau der Gebirge wurde eine aus vulkanischen Vorgängen herausconstruirte Grundlage gegeben, die Thalbildung wurde nur an das gewaltsame Einreissen von Gebirgsspalten geknüpft, die Entstehung und Ausbildung der Gesteine zum weitaus grössten Theile nach vulkanischen Vorbildern modificirt. Unter dem Eindrucke der von allen Seiten, aus allen Ländern der Erde neu hinzuströmenden Schilderungen über die riesigen Erscheinungen des Vulkanismus wurde in der Geologie die Annahme gewaltiger, bildender und zerstörender Katastrophen die herrschende. Humboldt und nach ihm Andere schildern auf das eingehendste, wie im Jahre 1759 in der mexikanischen Vulkanreihe der Berg Jorullo sich unter heftigen Erderschütterungen bis zu 1550 Fuss über die Ebene erhob und wie mit ihm gleichzeitig eine ganze, weite Landstrecke bis zu 480 Fuss sich emporwölbte. In der Nähe der Azorischen Insel St. Michael tauchten in mehrfacher Wiederholung Inseln mit Feuererscheinungen und Erdbeben aus dem Meere auf; im Jahre 1831 erhob sich eine vulkanische Insel zwischen Sicilien und Pantellaria, die allerdings wieder verschwand, ehe man sich über ihren Namen und ihre Nationalität geeinigt hatte. Spaltenbildungen wurden in ungeheurer Ausdehnung an verschiedenen thätigen Vulkanen wahrgenommen, so am Aetna eine Spalte von 3 Meilen Länge, hinuntergehend bis in den in blendendem Feuerschein aufleuchtenden Schmelzheerd. Man sah Berge bersten und zerstieben, die ungeheuersten Massen von Lava aus Bergflanken ausströmen, Aschenregen den Kratern entsteigen, dicht genug, um auf über 100 Meilen weit im Umkreise den hellen Tag in Dunkelheit zu verfinstern und Flächenräume von tausenden von Quadratmeilen mit einer Aschenschicht zu bedecken. Solchen gewaltigen Wirkungen der Vulkane gegenüber erscheint es natürlich, dass man nur sie als vollkommen ausreichend erachtete, um alle die grossartigen Vorgänge einigermassen verstehen zu lehren, die die heutige Gestalt unserer Erdoberfläche geformt haben. Und es hat denn auch diese Annahme für einen Theil unserer Gebirge und Gesteine eine grosse Berechtigung, und dieses begründete Recht wird ihnen nicht entrungen werden können.

Alle diese vulkanischen Vorgänge, die mit Feuer und Flammen mit Donner und Blitz, mit Erdbeben und Verschüttung in Scene treten, wirken dadurch unmittelbar und unwiderstehlich auf den Menschen. Er kann sich, selbst wenn er es wollte, diesen gewaltigen Eindrücken nicht entziehen. Hier hält die Natur ihm die Produkte ihrer sichtbaren Arbeitsstätten mit rauchenden Schloten dicht vor die Augen, hier zwingt sie ihm die Beobachtung ihres Wesens gewissermassen auf. Sorgfältig scheint sie dagegen andere verborgene Arbeitsstätten dem suchenden Blicke zu verhüllen, wo sie mit winzigen Kräften winzige Produkte fördert. Und dennoch fällt auf diese fast der grössere Antheil an der schöpferischen Thätigkeit der Natur.

Der ganzen Reihe der Jahrhunderte bis zu unseren Tagen blieben diese verborgenen Erscheinungen unbekannt, ihre Wirkungen ungeahnt. Es reichte das blosse Auge des Menschen nicht hin, sie zu erfassen. Und so musste erst in unaufhaltsam fortschreitender Entwickelung der Naturwissenschaften der Mensch der Natur die Mittel gewissermassen abzwingen, seinen Blick zu schärfen, seine Sehkraft zu vervielfältigen, um dann in's verborgene Innere der Naturkörper zu dringen. Zwei Wege thaten sich da dem Menschen auf. Einmal fand er durch die Vervollkommnung der beiden mächtigsten Wissenschaften der Neuzeit, der Physik und Chemie, die Mittel, gewissermassen Unsichtbares zu schauen und zu durchblicken, andererseits bot ihm das Mikroskop die Möglichkeit, in der That sein physisches Auge zu verschärfen, die Grenzen der Wahrnehmbarkeit gegen das unendlich Kleine hin um ein ungeheueres zu verschieben. Chemie und Physik lehrten ihn ungeahnte Kräfte sichtbarer und ihm bekannter Körper kennen, oder zeigten ihm den Zusammenhang sichtbarer Wirkungen, bekannter Erscheinungen mit unsichtbaren und ungeahnten, aber ihrem Wesen und ihren Eigenschaften nach bis in einzelne definirten Körper. Ein solcher unsichtbarer, seinem Wesen, seinen Eigenschaften nach uns jetzt aber ganz genau bekannter Stoff, dessen vorzüglichste Wirkungen in Flamme und Verbrennung schon den ersten Anfängen menschlicher Cultur zugänglich waren, ist der Sauerstoff. Dieses eine Beispiel genügt, um an die ganze Reihe weiterer zu erinnern. Indem das ganze Gebiet chemischer und physikalischer Kräfte dem Menschen erschlossen wurde, erkannte er leicht, wie es eine im verborgenen wirkende aber unausgesetzt thätige Kraft gebe, die nicht minder sicher Gebirge und Gesteine zu bilden, umzuformen und zu zerstören vermag, als es der gewaltige Vulkanismus ihm schon lange gezeigt hatte. Dazu eröffnete nun die verständige und bewusste Anwendung der hervorragendsten Gabe der Physik, des Mikroskopes seinem Auge eine ganz neue Welt. Da zeigte sich zuerst, dass ein ganz grosser Theil unserer festen Erdrinde ihre gegenwärtige Zusammensetzung und Form der Thätigkeit winziger, dem blossen Auge nicht mehr sichtbarer, organischer Wesen zu verdanken hat, die in ihren winzigen Wirkungen, unendlich an Zahl, sich summirend, dennoch Riesiges schaffen können. Aber auch die deutlichen, wenn gleich unscheinbaren Spuren der Vorgänge, deren Vorhandensein uns die Chemie nachweist, deren Verständniss sie uns erschliesst, vermag uns das Mikroskop in den Gesteinen aufzufinden. Dadurch wird gleichzeitig der Beweis geliefert für die volle Anwendbarkeit der allerdings nicht auf geologischem Boden gewonnenen und erforschten Gesetze der beiden vorhingenannten Wissenschaften auch in der Geologie. Mit kurzen Worten: den riesigen Erscheinungen der Geologie, wie sie dem Menschen schon seit langer Zeit und in der unmittelbarsten Weise bekannt geworden, treten nunmehr die winzigen und verborgenen Erscheinungen, Wirkungen und Ursachen gegenüber. Sie sind nicht minder von Bedeutung, wenn wir die Entwicklungsgeschichte der Erde verfolgen und richtig erkennen wollen. Dass die vereinte Thätigkeit riesiger und winziger Kräfte, die massvolle Vermischung gewaltsamer Katastrophen und still und ruhig wirkender, unmerklicher, aber nie unterbrochener Arbeit allein im Stande ist, uns ein deutliches, einfaches, von allem Schmuck phantasiereicher Ausmalung entkleidetes Bild von der Entstehung unseres Planeten, seiner Oberfläche und deren wesentlicher Gliederung zu geben, dazu soll in diesen Vorträgen beweisendes Material in gedrängter Form geboten werden.

Es ist bekannt, dass sich die Felsarten vorzüglich in zwei Klassen sondern lassen, in solche, die als Absätze in Gewässern gebildet wurden, die wir die sedimentären nennen, und in solche, deren Entstehung aus dem Schmelzflusse, nach Art der Laven oder durch ähnliche, den Umständen nach mehr oder weniger modificirte Processe zu denken ist, die wir unter dem gemeinsamen Namen der eruptiven Gesteine vereinigen können. Für die Gesteine der ersten Klasse hat die Geognosie fast immer ein untrügliches Kennzeichen. Sie alle enthalten in mehr oder weniger reichem Masse in ihnen begrabene und versteinerte Reste von Thieren und Pflanzen, die die Bildungsart dieser Lagerstätten unmittelbar erkennen lassen. Die Wissenschaft hat aus den in den Gesteinsschichten enthaltenen Resten einer früheren Thier- und Pflanzenwelt sogar die Mittel gefunden, das Alter der Schichten zu bestimmen. Eine lange, ununterbrochene Entwicklungsreihe von Organismen lässt sich parallel mit der nach und nach erfolgenden Bildung der Gesteinsschichten verfolgen. Jedem Zeitpunkte in dem Bildungsgange der Schichten entsprach ein eigenthümlicher Charakter der Thier- und Pflanzenwelt; jeder einzelnen Schicht prägte sich dieser eigenthümliche Charakter durch die in den Schichten untergegangenen und begrabenen Organismen ein. Trefflich werden daher die Versteinerungen mit den Münzen und Inschriften verglichen, die uns Kunde geben von längst verschwundenen Völkern, ihren Staaten und ihrem Leben. Wie diese Münzen und Inschriften für die Geschichte der Menschheit, so liefern uns die Versteinerungen die wichtigsten Dokumente für die Entwicklungsgeschichte der äusseren Erdkruste und zeigen uns die chronologische Folge der Bildungen an. Es erschien nöthig, uns diese Verhältnisse kurz in's Gedächtniss zurückzurufen, ehe wir einige der versteinerungführenden Felsarten näher für unsern Zweck in's Auge fassen.

Versetzen wir uns einen Augenblick in eines der vielen an Naturreizen und Besuchern reichen Thäler der Schweiz. Wenn man von Bex im Thale der Rhone überden Pass von Chéville nach Sion im obern Rhonethal geht, um so die Biegung des Flusses bei Martigny abzuschneiden, so steigt man zu Füssen der gewaltigen steilen, und zerrissenen Kalkfelswände und Zinnen der Diablerets in dem der Rhone zufallenden Thal des Avençon zu dem Passe hinan, der die Waadt vom Wallis scheidet. Ein wilderes Gebirgsbild findet man wohl kaum, als es gerade die mächtigen Felshörner der Diablerets, mit ihren zerstörten, allenthalben tief eingefressenen Kalksteinmassen, bieten. Nicht nur das wilde Felsenmeer, welches die nahen Thäler füllt, auch die gewaltsam in sich gekrümmten, gebogenen und zerbrochenen Schichten, die diese Felsen zeigen, lassen uns eine ganze Geschichte von Bildung und Zerstörung vorschweben. Wer aber wird uns denn über die Entstehung dieser gewaltigen Felsengipfel Rede und Antwort stehen, die wir auf dieser Wanderung über unserm Haupte riesengleich zu den Wolken ragen sehen? Nicht das Riesenhafte ihres Aufbaues lässt uns zur Erkenntnis kommen; denn die nicht minder mächtigen, in der Ferne aufragenden Granitpfeiler, die gleichfalls den Hochbau der Alpen bilden, sind ihrer Natur und Entstehung nach ganz verschieden. Kein riesiger, in diesen Schichten eingeschlossener Organismus, wie sie an andern Orten und in andern Schichten dem Menschen deutliche Kunde geben, hilft hier, uns zurecht zu finden. « Es sind unendlich kleine Schalthierchen die um das Geheimniss der Berge wissen. » Denn die Gipfel der Diablerets bestehen aus Nummuliten-Kalk, so benannt nach den winzig kleinen Thierchen, die in zahlloser Menge in diesen Gebirgsschichten begraben liegen und ihnen dadurch einen wesentlichen, überall, wo diese Gesteine auf der Erde vorkommen, unverändert und unverkennbar ausgeprägten Charakter verleihen. Es sind niedrig organisirte, linsenförmige Schalthierchen, denen man um ihrer Aehnlichkeit mit einer kleinen Münze willen ihren Namen: «Nummuliten» gegeben hat. Sie waren ohne Frage Bewohner von Salzfluthen; zu der Zeit, wo sie lebten, waren die Flächenräume, wo jetzt ihre Reste in den Gebirgsschichten gefunden werden, noch vom Meere bedeckt. Die Nummuliten-Kalke bilden aber nicht nur die höchsten Theile der Alpenkette, sie nehmen auch in andern Theilen Europas, in Asien und Afrika einen so bedeutenden Antheil an dem festen

Gerüste der Erdrinde, wie kaum ein anderes Gestein von gleichem geologischem Alter. Es erstrecken sich die Schichtenzüge dieses Gesteines von den Alpen bis zu den Karpathen, von Aegypten aus, wo sie schon in alten Zeiten das Material zum Bau der Pyramiden lieferten, lassen sie sich bis nach Kleinasien hinein, durch Persien, über Bagdad bis zu den Mündungen des Indus verfolgen. Im westlichen Thibet fand man Nummuliten in einer Höhe von 16,000' über dem Meer. Die grosse und allgemeine Uebereinstimmung der kleinen Thiere in ihrem erstaunlichen Verbreitungsgebiete zwingt uns zu dem Schlusse, dass es ein einziges, ausgedehntes Meer gewesen, auf dessen Boden diese ganze Bildung sich vollzog. Da aber diese winzigen Thierchen in einer nach geologischen Begriffen noch nahen Vergangenheit gelebt haben, weder vorher noch nachher, so ist es am überraschendsten, hieraus weiter folgern zu müssen, dass gerade die riesigsten Veränderungen in der Oberflächengestaltung der drei alten Continente zu den jüngsten Ereignissen der Erdgeschichte zu rechnen sind. Und wie so die ganze wechselvolle Geschichte dieser Gesteine uns in den winzigen Schalthieren erschlossen wird, so waren sie auch die erste Ursache der Entstehung. Das wird uns später noch beschäftigen. Aber die Nummuliten, die uns aus der Welt des Winzigen, soweit sie geologische Bedeutung hat, als erstes Beispiel dienten, sind noch Riesen im Vergleich mit andern. Denn auf den Raum eines einzigen, nur Silbergroschen grossen Nummuliten gehen tausende und abertausende mancher Thierchen aus der Gattung der Polypen. Es gibt Madreporen, deren Durchmesser nur $^1/_{1200}$ Millimeter beträgt. Wenn wir den Seefahrern auf ihren Reisen in die ferne Südsee folgen, kommen wir in das Gebiet der Korallenriffe, die einsam aus ungemessener Tiefe emporragen, und die ganze Genossenschaften, ganze Staaten dieser unendlich kleinen, felsenbauenden Thierchen bieten. Dort haben wir denn auch Gelegenheit, diese winzigen Wesen bei ihrer geologischen Arbeit zu belauschen. Lange sah man die Korallen, die in buntfarbigen, prächtigen, vielästigen Verzweigungen den Boden des Meeres schmücken, in ihren hochrothen oder blassrosa gefärbten Varietäten auch den Menschen ein geschätzter Schmuck, als wirkliche Gewächse, als versteinerte Pflanzen an. Erst um die Mitte des vorigen Jahrhunderts wagte sich, anfangs fast dem Spott anheim gegeben, die richtige Ansicht an's Licht. Es bestehen die Korallen aus einer Menge kleiner Thierchen aus der Klasse der Vielfüsser, so genannt von den jetzt als Fangarme oder Fühlfäden erkannten Organen, mit denen sie ihre Beute suchen. Es kann hier nicht auf die verschiedenen Merkwürdigkeiten ihres winzigen Baues eingegangen werden; nur die Eigenthümlichkeiten, die sie vorzugsweise befähigen, geologische Bauten aufzuführen, sollen hier Erwähnung finden. Das ist vor allem die mannichfache, vielartige Fortpflanzung der Polypen, die gleichzeitig die Bedingung einer ganz ungeheuren und unerschöpflichen Vermehrung dieser Wesen ist. Nicht nur geschieht die Fortpflanzung und Vervielfältigung durch wirkliche Eier; die Wege, die die Natur, hier erfunden hat, sind einfacher. Es besitzen die Polypen das Vermögen, durch Knospenbildung, nach Art der Pflanzen, sich zu vermehren, und wie sich nun aus einem Individuum durch Knospen nach allen Seiten hin neue Einzelwesen entwickeln, so wachsen schnell die Verzweigungen eines aus vielen solcher Wesen sich aufbauenden Korallenstockes. Eine noch einfachere Art der Vermehrung erscheint die Selbsttheilung: ein Individuum zerfällt einfach in zwei getrennte Wesen und so fort. Dabei kommen bei den verschiedenen Arten und Gattungen vielerlei Eigenthümlichkeiten, die seltsamsten Entwicklungsformen vor. Und die Einfachheit und zugleich Mannichfaltigkeit der Fortpflanzungsprocesse ermöglicht es dann, dass ein Korallenstock sichtlich wächst, und dass in den schnell auf einander folgenden Generationen ganzer, im Augenblicke sich bildender Polypenstaaten, solche Korallenbildungen bald zu ungeheuren Dimensionen anwachsen können. Und nach den Verhältnissen so schneller und vielartiger Fortpflanzungsbedingungen ist es dann weiter wesentlich die Abscheidung von Corallensubstanz, die die geologische Bedeutung dieser Thiere einleitet. Der Process dieser Ausscheidung vollzieht sich schon während des Wachsthums der Polypen, schreitet nach und nach fort, die Organe verhärten sich eines nach dem Andern, gleichzeitig nach innen und nach der äusseren Hülle zu, und so wird endlich das ganze Thierchen in eine Mumie umgewandelt. Und während nun die Individuen nach auswärts Knospen treibend oder sich theilend fortwachsen und sich vervielfältigen, sterben die Theile ab, aus denen sie selbst hervorgegangen. Das jüngere Geschlecht baut seine Wohnung auf die Grabstätten der Vorfahren, und es wachsen und steigen die Polypenstöcke nur begrenzt nach der einen Seite durch die nothwendige Unterlage des Meeresbodens, auf dem sie haften, nach der anderen Seite durch das Aufhören des Elementes, das ihnen Lebensbedingung ist. Es steigen aber die Koralleneilande gerade in der Südsee aus den grössten Meerestiefen empor, und so nahm man an, dass die Polypen von diesen Tiefen aus aufwärts bauend bis zur Oberfläche des Meeres steigen könnten. Als man aber ihre Lebensbedingungen genauer kennen lernte, erkannte man, dass sie nur bis zu gewissen Tiefen des Oceans leben können und zwar bis zu Tiefen, die als verschwindend gering anzusehen sind im Verhältnisse zu den ungeheuren Tiefen, bis zu denen Korallenbauten unter die Meeresoberfläche hinabgehn. Diese Erfahrung, vielfach bestätigt, nöthigte in ihrer Anwendung auf die in grossen Tiefen fussenden Korallenriffe zu dem sichern Schluss, dass die Polypen nicht ursprünglich in solchen Tiefen ihre Ansiedelungen gründen konnten, dass der Boden, als sie sich auf ihm anbauten, nothwendig der Meeresoberfläche näher gewesen sein müsse, dass er sich dann immer weiter unendlich langsam gesenkt habe, während die Korallen in die Höhe wuchsen auf immer mächtiger werdendem aber unbelebtem Unterbau. Auch die eigenthümliche Kreisform der sog. Atolls, Koralleninseln mit innliegender, dem Meere durch einen oder mehrere Durchbrüche verbundener Lagune, und die Dammriffe, die innerhalb der Lagune noch eine Insel zeigen, die aus fremdem Gesteine gebildet ist, lassen sich dann in einfacher Weise erklären und sind eben nur mehr oder weniger fortgeschrittene Stadien gleicher Bildungsformen. So führen uns die Bauten dieser winzigen Thiere auf die Annahme einer Senkung eines grossen Theiles des Meeresbodens in der Südsee, die unzähligen Inseln sind die Spitzen eines untergetauchten Continentes, die Korallenriffe die nach oben hin projicirten kreisförmigen Küstenriffe um eine solche selbst schon untergetauchte Insel. Die Polypen bauen aber nicht bis ganz an die Oberfläche; durch die heftigen Bewegungen der Fluthen wird die obere Seite eines Korallenbaues zerstört, der Kalk, zu Pulver zerrieben, lagert sich in den leeren Stellen ab und erfüllt sie, und so erhebt sich endlich das Riff über Wasser, es sammelt sich darauf Treibholz, es bildet sich eine feste Humusdecke, es keimen hingetragene Samen, fassen Wurzel, des Fels bedeckt sich mit Grün, die Insel ist vollendet. So sind die inselreichen Archipels von Polynesien zum grossen Theil entstanden; alle Formen der Koralleninseln finden sich in den Maldiven. Wie wir diese kleinen Thiere in stiller Tiefe des Oceans langsam und geräuschlos jetzt die Korallenstöcke bauen sehen, so haben sie nun schon seit undenkbaren Zeiten gearbeitet. Und so ist die Verbreitung von Korallenriffen allgemein in den verschiedensten Formationen unserer festen Erdkruste. Schon in den ältesten Gebirgsschichten kommen sie vor; die vereinzelten Lager silurischer Kalksteine, wie sie in der Nähe von Bensberg und an anderen Orten der Rheinprovinz auftreten, sind eben solche Korallenriffe. In der Juraformation bilden die Korallen ganze mächtige Schichten; in grosser Ausdehnung erscheinen die Kalksteine dieser Formation in England. Der Coral-Rag besteht aus zusammenhängenden Schichten versteinerter Korallen, die grösstentheils noch in der Stellung sich befinden, in der sie einst am Boden des Meeres wuchsen. Auch gleichen sie in ihren Formen den noch jetzt lebenden, riffebauenden Polypen des stillen Oceans. Schon Leopold von Buch hat das Juragebirge in Schwaben und Franken, das sich über eine Strecke von 150 geographischen Meilen ausdehnt, mit einem der neuholländischen Korallenriffe verglichen. Im Schweizerjura ist sogar die Gestalt der ringförmigen Atolls mit den inneren Lagunen so gut erhalten, dass man Karten dieser Korallenriffe geben konnte. So finden sich die Korallen in fast allen Gebieten der Kalksteine durch die ganzen jüngeren Bildungen der Kreide und des jüngsten Vorgängers unserer Zeit, des Tertiären, hindurch. Der Nachweiss, dass in den früheren Meeren in allen Ländern Europa's, in England, Frankreich, Deutschland und Italien gleichmässig Korallenriffe verbreitet waren, lässt uns die geologische Wichtigkeit dieser winzigen Thiere verstehn.

Aber noch andere Thierfamilien aus diesem Reiche des Kleinen haben an dem gewaltigen Schichtenbau geholfen. In einigen Theilen des Grobkalkes rings um Paris kommen Schichten eines vielfach zu den Bauten der französischen Hauptstadt benutzten Steines vor, der fast ausschliesslich aus Millionen mikroskopischer Muscheln besteht, die davon den Namen Millioliten führen. Sie sind nicht grösser als die kleinsten Sandkörner, aber unter dem Mikroskope in ihrem Bau und ihren Verschiedenheiten erkennbar. Sie gehören zu der Gattung der Foraminiferen oder auch Polythalamien: in einer kalkigen stern-, mandel-, oder auch spiralförmigen, vielkammerigen Schale stecken die kleinen Thierchen inne und strecken aus den Poren der letzten Kammer lange Fäden, sogen. Scheinfüsse hervor, mit denen sie sich bewegen. Weil ihre Schalen diese zahlreichen Oeffnungen zeigen, oder weil eine einzige Muschel aus vielen Kammern zusammengesetzt erscheint, heissen sie Foraminiferen oder Polythalamien. Gerade diese Klasse winziger Wesen, von denen die meisten so klein sind, dass sie erst bei Anwendung starker Vergrösserung sichtbar werden, haben einen fast noch grösseren Antheil an der Bildung unserer festen Erdkruste gehabt, als die Polypen. Der genannte Pariser Grobkalk ist von diesen Thierchen so überfüllt, dass ein Kubikzoll des Gesteins deren 58 Tausend enthält, der Kubikmeter demnach 3 Milliarden, dreimal so viel als die Zahl der lebenden Menschen. Ganz Paris und verschiedene der benachbarten Städte sind aus den Ueberresten dieser winzigen Organismen gebaut. Was will das aber heissen, wenn wir uns weiter nach ihrer Verbreitung umsehn und finden, dass sie den Aufbau mächtiger Schichten im Becken von Wien, in Italien, England und Amerika zusammensetzen? Gerade diese Gattung nimmt auch den wesentlichsten Antheil an der Bildung einer der ausgedehntesten Gebirgsformationen, der Kreide. Kaum ein anderes Beispiel ist geeigneter zu zeigen, wie Riesiges durch Winziges geschaffen werden kann. Der Flächenraum, den die weisse Kreide, in dem uns allen bekannten Aussehn das charakteristischste Glied der Formation, einnimmt, ist so ungeheuer gross, dass man kaum eine Analogie dazu entdecken kann. Vom nordöstlichen Irland über England, die Nordküste Frankreichs, wo die weissen Kreidefelsen die Ufer des Kanals säumen, über die Nord- und Ostseetiefländer nach Russland hinein und südlich hinunter bis zu den Ufern des Schwarzen Meeres und zur Halbinsel Krimm lässt sich eine in ihren einzelnen Schichten fast gleichförmige Kreidebildung verfolgen, auf eine Strecke von 1140 geogr. Meilen; in der andern Richtung dehnt sie sich vom südlichen Schweden nach Südwesten aus bis zu den Ufern der Gironde bei Bordeaux auf eine Entfernung von 840 geogr. Meilen. Schon in England und Frankreich bildet sie gewaltige Bänke, auf Rügen erreicht sie in den schönen Felswänden von Stubbenkammer und Arkona eine Höhe von 500 Fuss, aber die grösste Mächtigkeit der Entwicklung zeigt sie im südlichen Russland, wo sie zwischen Wolga und Kaukasus auf grossem Flächenraume zu über 2000 Fuss Stärke anwächst. In Nordamerika ist der Flächenraum, den die Kreide bedeckt, vielleicht ebenso gross, wie in Europa, jedenfalls grösser als irgend eines der andern versteinerungführenden Gebirgsglieder. Dort geht sie von New-Jersey südwärts bis nach Georgia, wendet am südlichen Ende um und geht nordwärts bis zum 48° der Breite. In Südamerika geht sie östlich der Anden von der Nord- bis zur Südspitze hindurch, in Afrika, im nördlichen und südlichen Asien ist sie überall, wenn auch noch nicht genauer bekannt und untersucht, so doch mit Bestimmtheit nachgewiesen. So zeigt sich, dass die mächtigen Wirkungen, welche durch so winzige Arbeitskräfte hervorgerufen wurden, mit gleicher Intensität in allen Meeren jener Zeit der Erdbildung vorhanden waren und ihre geologische Riesenarbeit aufbauten. Wie klein sind die Träger dieser Arbeit! Es war Ehrenberg, dessen Name durch diese Entdeckungen auf alle Zeiten innig mit diesen unsichtbaren Wesen verknüpft bleiben wird, dem wir die erste Kenntniss dieser Organisation in der Richtung des kleinsten Raumes, wie er selbst sie nannte, verdanken. Seine bis heute fortgesetzten Arbeiten über das Wesen, die Thätigkeit und die Verbreitung dieser kleinsten lebenden Organismen haben die schönsten Resultate geliefert über den Antheil des Winzigen an riesigen geologischen Bildungen. Ihrem Wesen nach sind es höchst zarte Schälchen von verschiedener Form, der Klasse der schon genannten vielkammerigen Muschelthierchen angehörig. Ihre Zahl in den Kreideschichten ist unfassbar. Die meisten sind nur $1/500$ Linie gross, in einem Kubikzoll finden sich über eine Million. Die mit Kreide glacirte Fläche einer Visitenkarte zeigt eine Mosaik von vielen tausenden der wohlerhaltensten Formen, unter denen sich trefflich eine grosse Zahl von unter einander wieder in Form und Organisation abweichenden Species sondern lässt. Eine Reihe dieser Formen ist bekannt; es ist einer der gewöhnlichsten Gegenstände wandernder Sonnenmikroskope, ein Bild von dieser winzigen Thierwelt der Kreide zu geben.

Die Thätigkeit der verschiedenen kleinen Thierarten, die wir in ihren geologischen Arbeiten kennen lernten, war auf die Produktion von Kalkgesteinen, von kohlensaurem Kalke gerichtet. Um aber ihre geologische Bedeutung, besser gesagt, Unentbehrlichkeit zu erkennen, ist es nöthig, die Frage zu beantworten, ob sie in der That an der Bildung derselben mächtigen Schichten, in denen wir sie finden, einen wesentlichen Antheil genommen haben. Würden die Kalkgebirge, die sich in allen geologischen Perioden gebildet haben, die den grössten Theil der festen Erdkruste zusammen setzen, die wir als höchste Gipfel der Alpen und in den tiefsten Schachten der Bergwerke wiederfinden, nicht auch ohne die Thätigkeit dieser Organismen haben entstehen können? Sind die Organismen nicht nebenbei während der

Abscheidung der Kalkgebirge aus dem Meere, deren Bewohner sie waren, mit in die Gesteine eingeschlossen worden? Die Chemie lehrt uns, unter welchen Bedingungen ein direkter Absatz von kohlensaurem Kalke aus Gewässern erfolgen kann. Es scheidet sich aus kohlensäurehaltigen Quellen Kalkstein ab, wenn die Kohlensäure, die für den kohlensauren Kalk das lösende Mittel ist, entweicht, und wenn das Wasser verdunstet. Das ist der Process, der sich in dem Karlsbader Sprudel vollzieht und dort den kalkigen Sprudelstein bildet. Im Meere aber sind die Verhältnisse anderer Art. Das Meerwasser enthält auch schwefelsauren Kalk oder Gyps, und dieser muss sich früher abscheiden, als der kohlensaure Kalk; mit dem Gypse würde das Kochsalz sich nieder schlagen, und dann erst könnte sich Kalkstein bilden. So müssten Gyps und Kochsalz die steten Begleiter des Kalkes sein, wie sie sich zu einander stets gesellen. Es gibt aber ganze Kalkgebirge, wo das nicht der Fall ist. Aber noch andere Umstände machen die einfache, chemische Ausscheidung des kohlensauren Kalkes durch Verflüchtigung der Kohlensäure mit dem verdunstenden Wasser unmöglich. Es enthält das Meerwasser in der That mehr Kohlensäure, als zur Auflösung des kohlensauren Kalkes nöthig ist; die tieferen Schichten des Meeres sind daran immer reicher, die Oberfläche des Meeres verdunstet, und dort entweicht die Kohlensäure. Wenn also in diesen oberen Schichten wirklich kohlensaurer Kalk zur Abscheidung gelangt und niedersinkt, so müsste er nothwendig in den tieferen noch kohlensäurereichen Schichten wieder gelöst werden. Kein Stückchen kohlensauren Kalkes könnte ungelöst den Meeresboden erreichen. Da tritt nun das organische Leben im Meere hinzu. Die Thätigkeit der Organismen, aus denen wir den grössten Theil der Kalkgebilde zusammengesetzt fanden, ist auf den Bau eines kalkigen Gehäuses gerichtet. Darin sind diese Thierchen mit einer wunderbaren Assimilationsgabe versehn. Sie wissen den im Meerwasser auch in noch so spärlicher Menge vorhandenen Kalk auszusondern und sich anzueignen. Die einmal von ihnen gebildete Schale wird durch organisches Gewebe vor der Wiederauflösung durch die Kohlensäure geschützt. So lagert sich Gehäuse auf Gehäuse. In ununterbrochenem Fleisse baut eine Generation dieser kleinen Wesen in schneller Folge nach der andern ihre winzigen Wohnungen, und die Millionen und aber Millionen in ihren eigenen Wohnungen begrabener Muschelthierchen bilden so endlich ganze Bänke und Schichten, bilden menschentragende Continente, den Brandungen trotzende Felsenküsten, zum Himmel aufragende Berggipfel. Und wie diese Thätigkeit sich durch die ganze Reihe der geologischen Perioden hindurchzog, so ist sie in den Meeren unserer Zeit vorhanden. Es fehlt weder der Kalkgehalt noch die Kohlensäure dem Meerwasser, um ihn in Lösung zu erhalten. Wie viele untermeerische Quellen und Exhalationen mögen in gleicher Weise dem Meere Kohlensäure zuführen, wie es auch an der Oberfläche des Festlandes geschieht! Der ganze Athmungsprozess der Organismen selbst, der den Sauerstoff aufnimmt und Kohlensäure abgibt, ist zu gleicher Produktion thätig. Und so ergeben denn auch die vom Boden der Meere hinaufgebrachten Schlammproben überall den Absatz und die Entstehung kalkiger Schichten unter der Theilnahme der Organismen.

Sahen wir die Thätigkeit der winzigen Schalthierchen bis jetzt vorzugsweise auf die Produktion von Kalksteinen gerichtet, so haben wir nun noch nachzutragen, dass auch andere Gesteine von gleich winzigen, wenn auch abweichend gearteten Organismen aufgebaut werden können. Die Arbeit der an der äussersten Grenze von Thier- und Pflanzenwelt stehenden Diatomeen und Stäbthierchen, die nach den neuesten Ergebnissen der Forschung dem Pflanzenreiche zugetheilt werden müssen, haben mächtige Lager von Kieselerde geschaffen. Auch bei diesen Organismen ist eine wesentliche Bedingung ihrer schaffenden Kraft die durch die einfachsten Theilungsprocesse ermöglichte ganz ungeheure Vervielfältigung. Der sog. Kieselguhr und der Trippel, beide bekannt als die zartesten Pulver zum Poliren der Holzmöbel, bestehn aus geradezu fabelhaften Summen solcher kleinen Wesen. In einem Kubikzoll des Polirschiefers von Bilin, der ganz aus Diatomeenschalen besteht, finden sich 140 Billionen, deren Entstehung man sich gleichwohl an einem einzigen Tage möglich denken kann. In vielen Ländern kommen ansehnliche Lager dieser Kieselerde vor; die harten Feuersteine, die treuen Begleiter der Kreide, wo immer sie erscheint, verdanken ihr Entstehen der ausscheidenden Thätigkeit dieser winzigen Pflänzchen. Auch sie werden vom Boden des Meeres überall mit heraufgebracht. Wichtiger noch wird die Bedeutung dieser winzigen Arbeiter, wo sie in ihrer geologischen Wirksamkeit gleichzeitig menschlichen Culturzwecken unmittelbar Dienste leisten. Denn auch die Abscheidung einzelner nutzbarer metallischer Lagerstätten ist auf ihre, wenn nicht alleinige, so doch helfende Thätigkeit zurückzuführen. Die sog. See- oder Sumpferze des hohen Nordens, Eisenerze, die in Skandinavien in Småland, Oestergöthland und in ganz Norland das überreiche Material der dortigen blühenden Hochofenindustrie bilden, sind hierfür ein trefflicher Beleg. Die Seeerze sind Fällungen aus eisenhaltigen Wässern, und wenn auch der Lösungs- und Abscheidungsprocess ein complicirter erscheint, eine Menge gleichzeitig wirkender Kräfte in Anspruch nimmt, so ist doch eines unzweideutig nachweisbar, dass die Bildung unter reger Mitwirkung des kleinsten organischen Lebens vor sich ging. Die Seeerze enthalten eine ganze Menge der obengenannten Pflanzenthierchen, und mit ihnen finden sich unzählig viele, mikroskopische Wasserpflänzchen aus der zierlichen Klasse der Algen. Einzelne Panzer der Diatomeen bestehen vorzugsweise aus Eisenoxyd, auch die Pflänzchen nehmen begierig den Eisengehalt aus dem umgebenden Wasser auf, um ihn bei der Verwesung zurückzugeben. Der Lebenslauf dieser Organismen endigt also gewissermassen in einer Erzbildung. Auch dadurch übt das Leben der winzigen Pflanzen, gerade der Algen einen wesentlichen Einfluss auf die Abscheidung der Seeerze aus, als dadurch Sauerstoff producirt wird, die Fällung der Eisenocker aber direkt bedingt ist durch die Oxydation des Eisenoxyduls. Der Zusammenhang zwischen Pflanzenleben und Seeerzbildung ist daher wohl gewiss. Uns ist dadurch ein weiteres schönes Beispiel geboten, wie die winzigsten Organismen die Ursachen geologischer Schöpfungen sind. Dabei erschaffen sie in diesem Falle dem Menschen fort und fort einen ewigen und unerschöpflichen Schatz für seine Lebensbedürfnisse.

Es mögen die angeführten Beispiele genügen, um zu zeigen, wie ein grosser Theil der riesigen Gebirge unendlich kleinen Ursachen in diesen Organismen sein Dasein verdankt. Es erleichtert wesentlich den Beweis, dass wir auch in der heutigen Schöpfung allenthalben Gelegenheit haben, diese winzigen Ursachen zu erforschen, zu erkennen, zu erklären. In der Geologie erhält dadurch das Winzige fast einen höheren Werth wie das Riesige. Aus allen Zeiten sind uns Beispiele bekannt geworden über den Einfluss solcher winzigen Organismen auf geologische Bildungen. Wenn die Entdeckung des Eozoon, eines in den ältesten Schichten aufgefundenen als Organismus gedeuteten Fossils, sich allseitig als richtig bestätigt, so verschiebt sich dadurch die Grenze des uranfänglichen organischen Lebens über lange geologische Zeiträume und über ganze Generationen. Dann wird auch das Winzige das Aelteste, und wir können mit vollem Rechte sagen, dass die erste Scholle festen Landes, welche über die allbedeckenden Wasser des Uroceans hinauftauchte, nicht gehoben wurde von der riesigen Kraft des Vulkanismus, sondern getragen war von den winzigsten, an der äussersten Grenze jeder Wahrnehmung stehenden Thierchen. Da erscheint es denn noch ganz besonders bemerkenswerth, wie sorgfältig, als ob es mit Absicht geschehen sei, das Winzige erhalten ist, so dass es auch das Riesige geradezu überdauert. Wie trefflich haben die winzigen Wesen und ihre kleinen Gehäuse die unendlich langen Zeiträume der sich folgenden Erdbildungsperioden mit all' ihren Verwandlungen überwunden. Die gleiche Organisation, die diese mangelhaft ausgerüsteten und gebrechlichen Geschöpfe in den ältesten Zeiten hatten, haben sie noch jetzt. So oft auch die von ihnen erbauten Mauern über ihnen zusammenstürzten, sie sind nicht vernichtet worden. So ist das Winzige dazu berufen, uns Kunde zu geben von vergangenen Zeiten und von den wechselvollen Schicksalen der Erdoberfläche und des organischen Lebens, das sie trug. Wie oft aber das Unscheinbarste erhalten ist, dafür finden wir leicht noch weitere Beispiele. Es lehren uns die kleinen Fussspuren, die offenbar von Krebsen herrühren, wie sie jetzt tief im Innern mächtiger kalkiger Sandsteine in England gefunden werden, dass die riesigen Felsen, die über jenen Spuren emporwuchsen, auf einer alten, seichten und weichen Sandküste aufruhen. Die in noch älteren Schichten von Tausenden von Fussen Mächtigkeit überlagerten Fussspuren vierfüssiger Thiere und Vögel geben uns Kunde von Zeiten, wo diese Gebirgsformationen in seichten Wasserflächen, in deren weichen Boden sich leicht auch die Fussspur eines Vogels einprägen konnte, ihren Anfang nahmen und dann nach und nach zu der Höhe anwuchsen, die wir heute in ihrer Mächtigkeit erkennen. Sogar der winzige Regentropfen, wie er im Schlamme kaum sichtbar rundliche Eindrücke hervorbringt, hat seine Spuren durch die Jahrtausende hindurch erhalten gesehn, und da wir diese Spuren an nach unten gekehrten Flächen der Schichten finden, so sagen sie uns nicht nur, dass es in jenen fernen geologischen Zeiten athmosphärische Niederschläge gab, wie heute, sie belehren uns auch, dass die Schichten in ihrer Lage vollkommen umgewendet worden sein müssen, da es doch nur auf ihre Oberfläche regnen konnte. Wie sorgsam sind die zarten Flügeldecken von Libellen und Wasserjungfern, deren feines Geäder vollkommen erhalten ist, in den Liaskalken von England aufbewahrt, die Füsse und Augen von Käfern und manche andere Subtilitäten, wie sie in unsern Tagen schon die rauhe Hand eines ungeschickten Knaben zerstört. Und so können wir die bisherigen Betrachtungen zusammenfassend wohl den Ausspruch thun: das unendlich Kleine ist dem Riesigen nicht nur an Kraft gewachsen, es geht ihm voraus und überlebt es.

Alle bisher angeführten Beispiele aus den winzigen Arbeitsstätten für geologische Bauten liessen als erste Ursache die organische Kraft erkennen. Es waren Thierchen oder Pflanzen, die wir die Gebirgsschichten zusammentragen sahen, es waren ihre sorgsam in den Gesteinen aufbewahrten Reste, die uns die grossartigen Grundzüge der Geschichte der Erdbildung schilderten. Nicht minder aber sind winzige anorganische Kräfte, deren Gesetze uns die Chemie und die Physik erschliesst, bei geologischen Arbeiten thätig. Der grösste Theil dieser lange ungeahnten Vorgänge ist innerlicher Art, entzieht sich direkter Beobachtung und einfachem Verständnisse. Diesen wird der zweite dieser Vorträge gewidmet sein. Andere aber sind äusserlicher Art, sind einfach und augenscheinlich, und die Betrachtung einiger dieser Erscheinungen mag uns den Uebergang zum schwierigeren ebenen.

Treten wir, um ein Beispiel aus diesem Gebiete zu finden, das geeignet ist, uns unmerkliche Erscheinungen längst vergangener Zeiten zurückzurufen, nochmals in eines der vielen Thäler der Schweiz. Dort an steilen Felsgehängen stehend, finden wir auf den Gesteinswänden verschiedenartige Furchen und Kritzeln, die wir vielleicht nicht zu deuten verstehn. Sie sind zu regelmässig, um als blosse Zufälligkeiten zu erscheinen, zu unregelmässig, um uns anders vorzukommen als die Hieroglyphen auf den Pyramiden Aegyptens. Und doch bergen sie gleich diesen für den des Lesens solcher Züge Kundigen die interessantesten Details aus der Geschichte der fernen Tage, in denen sie geschrieben wurden. Es füllte einst ein Gletscher dieses Thal, und die langsam sich fortschiebenden, nach Gletschergewohnheit vor- und zurückgehenden Eismassen zerrieben, schliffen und polirten die Felswände, die ihr Bett einschlossen. Ein kleiner, winziger Kiesel, der im Eise festgefroren, langsam wie ein Griffel über die Felsenflächen fort geführt wurde, schrieb sicher und unauslöschlich seine Bewegung auf dieser grossen Tafel nieder. Und wo wir solchen winzigen Strichen und Linien auf Felsenwänden und Blöcken begegnen, da rufen sie uns die

Geschichte der in unsern Tagen aus jenen Thälern in höhere Regionen hinaufgerückten Gletscherthätigkeit zurück.

Wie klein erscheint uns die Wirkung eines fallenden Regentropfens auf seine Unterlage! Kaum im weichsten Gesteine lässt er eine Spur, einen Eindruck zurück. Erst wenn jahrelang eine Dachrinne auf eine unterliegende Steinplatte getropft hat, wird eine kleine Höhlung sichtbar. Das aber ist schon die Summe aus den unendlich kleinen, aber unendlich zahlreichen mechanischen Wirkungen der einzelnen Tropfen. In Hochgebirgen, wo der rinnende Tropfen aus grosser Höhe über eine Felsenwand niederstürzt und lange Zeiträume hindurch auf dieselbe und sei es auch eine granitene Unterlage trifft, nagt er unmerklich, aber endlich in der Summe der Wirkungen deutlich kenntlich, einen Kessel aus. Solche Kessel, sogenannte Riesentöpfe finden sich in grösseren Dimensionen, wenn der von grosser Höhe niederfallende Wasserstrahl mächtig genug ist, mit Hülfe der untenliegenden, beweglichen und harten Gesteinsstücke den Felsen durch mechanische Zerreibung immer tiefer auszuhölen. Bei Heiligkreuz im Oetzthale findet sich ein solcher regelmässig cylindrisch geformter, schön polirter Topf von über 10 Fuss Tiefe im widerstandsfähigen Granite ausgebohrt. Und diese Wirkung ist nur das Vorspiel zu einer weit gewaltigeren Thätigkeit des Wassertropfens, wie sie in den überall in Gebirg und Thal deutlich sichtbaren Erosionen ihren energischeren Ausdruck findet. Die gleiche Wirkung des Wassertropfens ist es, die die riesigen Kesselthäler der Alpen unermesslichen Riesentöpfen gleich gegraben hat, die sich in kleinen Furchen und Rinnen auf den höchsten Rücken der Gebirge einfrisst und von hier ausgehend mit immer grösserer Summe mechanischer Macht durch die weitverzweigteste, tiefste Thalbildung die Gebirge in die Skelette ihrer früheren Form verwandelt. Jeder Wassertropfen verrichtet im Niagarafalle die gleiche Arbeit mit ungehemmtem Fleisse, und so hölt, mit den vereinten Kräften unendlich vieler Tropfen arbeitend, der Fluss sich ein 500 Fuss tiefes, schroffes Felsenbett zwischen Erie- und Ontariosee in die Kalksteinschichten ein, zugleich rückwärts den steilen Absturz, über den er niederfällt, annagend und zurückschiebend.

Aber der zerstörenden Thätigkeit steht auch eine friedlich aufbauende Wirksamkeit des Wassertropfens gegenüber. Still wandelt der Tropfen auf den vielen zum Theil von ihm selbst gebahnten Wegen und

Spalten in den Gesteinen umher, überall die Stoffe auslaugend, die sich seiner zersetzenden Kraft fügen. Mit solchen schwer beladen wandert er weiter, um mit dem so gewonnenen Materiale an andern Orten seine aufbauende Thätigkeit zu beginnen. Wenn er aus einer Gesteinsspalte in den Raum einer Höhle tritt, wie sie weit verbreitet in den Gebirgen von der kleinsten Druse bis zu den grossartigsten Hallen vorkommen, so fällt er mit seiner Last auf den Boden nieder. Er verdunstet, und als ein anfangs unsichtbarer Rückstand bleiben die Bestandtheile, die er mitbrachte, übrig. Bald wird der Absatz sichtbar; denn Tropfen auf Tropfen fällt, des gleichen Weges kommend, nieder, verdunstet, setzt ab. So wächst der Tropfstein in die Höhe und bildet vielgestaltige Säulen. Und eine gleiche Bildung steigt von der Decke nieder. Während der Tropfen an derselben hängt, ehe er schwer genug geworden, um die Adhäsion, die ihn dort festhält, zu überwinden, verdunstet er schon und überzieht auch die Stelle, wo er haftete, mit einer anfangs unmerklichen Sinterhaut; jeder folgende Tropfen erhöht, erbreitert, verlängert diesen Niederschlag, und in Jahrtausenden wachsen die mächtigsten Steinzapfen den von unten entgegen strebenden Säulen zu. Sie bilden den eigenthümlichen, prächtigen Schmuck, womit so viele Höhlen ausgekleidet und daher der Gegenstand vielseitiger Bewunderung sind. Aber der Tropfen arbeitet in noch weit grösserem Massstabe. Die Sinter und Tuffe bilden mächtige Schichten; der Travertin, der kalkige Quellabsatz in der Nähe von Rom, lieferte die Bausteine für alle stolzen Werke alt- und neurömischer Architektur; aus Travertin waren schon die ältesten Meisterwerke griechischer Baukunst im uralten Paestum aufgeführt, von dem schon römische Dichter als von vergangener Pracht und Herrlichkeit sangen. Durch eine gleiche Wirksamkeit verkittet auch der Tropfen die Sandsteine. Wenn der Seewind lose Massen feinen Sandes über die flachen Meeresufer gejagt hat, so vereint sie der unmerklich und leise hinzutretende, mit einem Verbindungsstoffe beladene Tropfen zu festen Sandsteinen, indem er Korn für Korn erfasst und aneinanderfügt. Und wie er die losen Sandmengen und Gerölle am Meeresufer zusammenheftet und verkittet, so schuf er im Laufe langer Zeiträume alle die mächtigen Schichten von Conglomeraten und Sandsteinen, die fast alle sedimentären Formationen zu begleiten pflegen. Unsichtbar und geräuschlos arbeitete Tropfen für Tropfen, wir stehen staunend vor den riesigen Schöpfungen solcher winzigen Kräfte und sind fast enttäuscht, bei diesen Bildungen nicht gewaltigeren Erscheinungen zu begegnen.

Es ist ein mathematischer Grundsatz, dass bei gleichen Faktoren auch die Produkte gleich sind. Wir sahen im Beginn unserer Betrachtung, dass die allbekannten, gewaltigen Erscheinungen des Vulkanismus Berg und Thal zu bilden, Land aus dem Meere zu heben vermögen, wir sind jetzt zu dem Schlusse gekommen, dass die winzigsten Organismen und der kleine Tropfen als der Vertreter unmerklicher chemischer und physikalischer Kraftäusserungen gleich grossartige, geologische Bauten vollführen. Wo bleibt da das Gesetz von der Gleichheit der Faktoren? Irgendwo muss das Mittel zum Ausgleich und zur Richtigstellung der Rechnung gefunden werden. Was dem Winzigen an Energie der Kraft fehlt, ersetzt die Zeit. Daher mussten die durch solche kleinen Wirkungen hervorgebrachten geologischen Veränderungen immer nur als kühne Hypothesen erscheinen, so lange man die für dergleichen Erfolge nöthigen Zeiträume nicht mit in Rechnung setzte. Das ist auch der Faktor, der uns bei den meisten Versuchen im Stiche lässt, einzelne Bildungsvorgänge der Natur in unsern Laboratorien und durch das Experiment nachzuahmen. Die Geologie rechnet nach Zeiträumen, für die uns in dem kleinen Rahmen unserer menschlichen Zeitrechnung jeder Massstab der Vergleichung fehlt. Wenn die Erfahrung der durch 100 Jahre fortgesetzten Beobachtung uns lehrt, dass der Nil, der so mächtige Anschwemmungen gebildet hat, in einem Jahrhundert kaum eine Erhöhung des Bodens um 1 Centimeter bewirken kann, welch' eine Reihe von Jahrhunderten müssen wir herausrechnen, um die Möglichkeit der allmähligen Bildung des jetzt 400 ☐ Meilen grossen Deltabodens vor der Mündung dieses Stromes zu verstehn! Solche und ähnliche Betrachtungen zwingen uns, die Richtigkeit der im Folgenden citirten Worte anzuerkennen. Der Engländer Poulett Scrope, ein trefflicher Forscher gerade auf dem Gebiete vulkanischer Thätigkeit, wo er doch gewohnt war, mächtige, energievolle aber kurze Katastrophen zu finden, ruft dennoch am Schlusse einer solchen Schilderung aus: Die leitende Idee, die alle unsere Forschungen durchzieht und jede neue Beobachtung begleitet, das Echo das unaufhörlich aus allen Theilen und Werken der Natur an das Ohr des Forschers klingt, ist:

Zeit — Zeit und abermals Zeit!

II.

Es war wesentlich der Anwendung des Mikroskopes zu verdanken, dass man bei solchen Gesteinsbildungen, die wir als das Produkt der Thätigkeit winziger Organismen erkannt haben, die Entdeckung machte, dass diese Gesteine in Wirklichkeit auf solche unsichtbare Ursachen zurückzuführen seien. Denn in der That hatte man früher davon keine Ahnung gehabt. Nahm man ja noch zu Ende des vorigen und zu Anfang dieses Jahrhunderts keinen Anstand, die Kalkgebirge als die Produkte riesiger vulkanischer Eruptionen anzusehn, sie für Erstarrungsprodukte aus dem Schmelzflusse zu halten. Es war solche Annahme eben wieder die Verallgemeinerung einseitiger Erfahrung. Denn das muss allerdings zur Entschuldigung angeführt werden, dass das Vorkommen und die Lagerungsverhältnisse der Kalksteine an manchen Punkten solche Ansichten unterstützen konnten, und dass es andererseits dichte Kalke gibt, die unter dem Einflusse von Laven in krystallinisch-körnigen Marmor umgewandelt erscheinen. Aber solche Beispiele localer, gewaltsamer Veränderung sind eben Ausnahmen, und für die dichten Kalke, für die Kreide, hat denn das Mikroskop die wirkliche und einzige Ursache ihrer Entstehung aufgespürt und nachgewiesen. Nachdem die Theilnahme der winzigen Organismen einmal erkannt war, hatte die Chemie es leicht, nun über die Bildung Rechenschaft zu geben und zu zeigen, wie es der einzig mögliche Weg gewesen sei. Bei allen übrigen Gesteinen, in denen die Anwesenheit fossiler Reste nachgewiesen werden kann, ist es ganz so, auch dort ist kein Zweifel möglich. Denn wenn auch die gefundenen Reste von organischen Wesen nicht auf eine unmittelbare Theilnahme der Organismen am Bau der Schichten selbst hindeuten, so zeigen sie doch die sedimentäre Bildungsart derselben mit Bestimmtheit an. In dem winzigsten Organismus, der sich in einem Gesteine findet, sieht man den unwiderleglichen Beweis, dass das Gestein nicht eruptiver Entstehung ist. Damit ist aber nicht gesagt, dass nun alle Gesteine, in denen keine Spur von Organismen sich findet, eruptiver Natur seien. Bei allen diesen Gesteinen stellt sich die Frage wesentlich anders; andere Beweismittel müssen da gefunden werden.

Diese Klasse von Gesteinen unterscheidet sich weiter hin auch noch dadurch von den im Vorhergehenden genannten, dass sie vorzugsweise körnige, krystallinische Strukturverhältnisse zeigt, deren typische Ausbildung in den Graniten, Porphyren, Trachyten und Basalten bekannt ist. Für eine Reihe dieser Gesteine wurde allerdings in neuerer Zeit das Vorhandensein zwar winziger, aber recht seltsamer Organismen mit den merkwürdigsten Einzelheiten ihrer Organisation angedeutet. Dadurch wäre mit einem Male die Frage nach ihrer Genesis entschieden gewesen. Aber leider fand sich in diesen Beobachtungen nur eine Wiederholung der alten Fabel vom Astronomen, der auf dem Monde lebende Ungeheuer sah, als sich Fliegen in sein Telescop verirrt hatten. Die ganze Entdeckung zerfiel in Nichts. Denn die vermutheten Organismen waren eben keine, die Schwierigkeit mikroskopischer Beobachtung hatte eine Täuschung veranlasst, die etwas vorschnell in die Oeffentlichkeit trat. Mit den Gesteinen blieb es ganz beim Alten. Es wäre uns dadurch ein herrliches Beispiel mehr gewonnen worden; denn lehrreicher für die Geschichte der Gesteine hätte sich doch wohl kaum das Winzige zeigen können.

Dürfen wir aber denn in diesen Gesteinen nicht andere Spuren erwarten, die in winzigen Zügen die Geschichte der Gesteine verrathen? Sind nicht doch unsichtbare Wirkungen nachweisbar, oder dürfen wir hier, dem Charakter der Gesteine entsprechend, nur von massigen Arbeiten reden? Dass wir erwarten dürfen, auf winzige Vorgänge zu stossen, kann leicht klar gemacht werden; dass sie in überraschender Deutlichkeit und grosser Mannigfaltigkeit ihre Spuren zurückgelassen haben, soll dann weiterhin gezeigt werden.

Wir stehen damit vor einer ganzen Reihe geologischer Processe, die auf lange unausgesetzt und unsichtbar thätige Arbeit chemischer und physikalischer Kräfte zurückzuführen sind. Wie einige kleine mechanische Wirkungen in langer Summirung grosse Resultate erzielen können, hatten wir schon zu Ende des ersten Vortrages als Uebergang zu diesem kennen gelernt. Sie waren oberflächlicher, einfacher und darum leicht in die Augen fallender Art. Das was uns jetzt beschäftigen soll, ist so recht innerlicher Art, es betrifft das verborgenste Wesen der Gesteine.

Wie wir einen Kreidefelsen aus den Schalen unendlich vieler, winziger Infusorien zusammengesetzt fanden, so können wir uns jedes der Gesteine, die uns hier interessiren, aus unendlich vielen, kleinen mineralogischen Einzelwesen constituirt denken. Wenn wir nach Art der Organismen die Gesteine, in denen sie gefunden werden, unterscheiden und Miliolitenkalke von Nummulitenkalken, Korallenkalke von Landschneckenkalken, die z. B. im Becken von Mainz vorkommen, trennen: so können wir auch die krystallinischen Gesteine nach Art der mineralogischen Individuen, die sie zusammensetzen, in Klassen bringen. Auch bei diesen finden wir verschiedene Geschlechter, Familien und Arten aus dem Reiche der Mineralien, die mit einander verbunden das Gestein bilden. Der Granit besteht aus einem krystallinischen Gemenge dreierlei Arten mineralogischer Individuen: Quarz, Feldspath und Glimmer; mit dem Namen Syenit meinen wir ein krystallinisch-körniges Gemenge eines Feldspathes, des Orthoklases, und der Hornblende; das schöne, aber wenig verbreitete Eklogitgestein ist aus grasgrünem Smaragdit und rothem Granat zusammengesetzt. Wie wir uns aber einen Korallenkalk doch nur denken können, als von Korallen gebaut und durch Korallenreste gekennzeichnet, so können wir auch bei diesen Gesteinen keines der sie zusammensetzenden Mineralien entbehren. Es würde der Granit nicht mehr Granit sein, wenn ihm der Quarz fehlte. Das Gestein, das unter dem Namen Basalt bekannt ist, besteht aus unendlich vielen einzelnen Individuen aus den Mineralfamilien des Feldspathes, der hier der Labradorart angehört, des Augites und des Magneteisens in inniger Verwachsung. Auch hier ist die Association dieser drei Mineralien ganz wesentlich, um das Gestein als Basalt zu charakterisiren. Denn wenn z. B. das Gestein kein Magneteisen mehr enthält, sondern nur aus Feldspath und Augit besteht, so ist es kein Basalt mehr, sondern ein Gestein aus der Klasse der Grünsteine. So ist denn das mineralische Einzelwesen für diese Gesteine nicht minder charakteristisch, wie die Organismen für die sedimentären Gesteine. Wie aber dort neben den Thier- und Pflanzenresten, die solchen Bildungen einen besondern, geologisch bemerkenswerthen Charakter verleihen, noch andere erscheinen, deren Anwesenheit immerhin von Interesse, aber nicht von bedingender Bedeutung ist, so finden sich auch in den krystallinischen Gesteinen ausser den Mineralien, die für sie geradezu wesentlich und unbedingt nöthig sind, noch andere, die zufällig darin vorhanden sind und ebenso gut fehlen können. Der Unterschied ist also festzuhalten, dass die Bestandtheile der Gesteine entweder wesentliche oder zufällige sein können. Die zufälligen Bestandtheile können dabei doch recht charakteristisch werden, so dass man in gewissen Gesteinen so gewöhnt ist, sie zu finden, dass man ihr Fehlen fast als Ausnahme ansieht. Dies gilt z. B. von dem Olivin für den Basalt.

Die Thätigkeit, die organischen Verhältnisse, die Fortpflanzungsbedingungen und Vervielfältigungsweisen der Thierchen, die wir in der Kreide fanden, gaben uns erst das Verständniss dieser grossartigen geologischen Bildung. Art und Zusammensetzung, oder besser gesagt, mineralogische Gestalt und chemische Natur, Bildungs- und Zersetzungsprocesse der einzelnen Mineralindividuen, sind in gleicher Weise die Bedingung, an die sich das Verständniss der Entstehung der krystallinischen Felsarten knüpft. Kleine, oft fast unsichtbare Einzelwesen lehren uns auch hier den Aufbau riesiger Gebirge kennen, das Studium des Winzigen erschliesst uns die Geschichte des Riesigen.

Wir haben die Entstehungsweise des kohlensauren Kalkes, des Kalkspathes kennen gelernt. Niemand zweifelt mehr daran, dass seine Bildung nur durch eine Abscheidung aus dem Wasser, in dem er vermittelst der Kohlensäure gelöst war, geschehen konnte. Wo wir Kalkspath finden, sind wir gezwungen, solche wässrige Processe als Ursache anzunehmen; wo er als wesentlicher Bestandtheil eines Gesteines erscheint, da können wir nicht zweifeln, dass auch bei der Bildung der ganzen Felsart Abscheidungsprocesse aus dem Wasser vorherrschend waren. War der Kalkspath nur zufällig und vereinzelt und von der Gesteinsmasse selbst unabhängig vorhanden, so hat seine

Bildung direkt nichts mit der Genesis des Gesteins zu thun. Wir finden daher auch in den echten Laven den Kalkspath, aber nirgendwo so, dass er als ein an der Constitution des Gesteins unmittelbar Antheil nehmendes, wesentliches Einzelwesen aufzufassen wäre. Würden wir auch ein Gestein finden, dessen ganze Lagerungsverhältnisse, dessen Zusammenhang mit andern eruptiven Gesteinen uns fast augenscheinlich auf eine lavenähnliche Entstehung hinführte, so wären doch die winzigsten Individuen von Kalkspath, die wesentliche Bestandtheile dieses Gesteines wären, vollkommen ausreichend, ihm seine direkte Entstehung aus dem Schmelzflusse abzusprechen. Wir müssten eben in solchem Falle für die scheinbar widersprechenden Erscheinungen der Lagerungsverhältnisse eine andere Deutung suchen. So wenig wie der Nummulit, so wenig kann ein Kalkspathindividuum im Feuerflusse gedeihen. Es ist das ein Beispiel für viele, es gilt die gleiche Regel von vielen andern Mineralien. Daher erscheint es denn als nächster, nothwendiger und richtiger Weg für die Erforschung der Genesis eines Gesteines, vor allem die Frage nach der Entstehung seiner wesentlichen Gemengtheile zu beantworten. Es erschien am sichersten, die Bildung der in diesem Sinne wichtigen Mineralien nachzuahmen, d. h. sie künstlich darzustellen. Gleichzeitig wurden alle etwa zufällig bei Hüttenprocessen oder andern chemischen Untersuchungen gebildeten, krystallinischen Mineralien sorgfältig beachtet und untersucht. Beide Wege führten zu reichen Resultaten. Es gelang, eine ganze Reihe von Mineralien mit allen Kennzeichen der natürlichen künstlich zu erhalten. Die verschiedenen Processe, die dazu nöthig waren, gestatteten eine geologische Anwendung. Wo es gelang, ein Mineral auf feurigem Wege aus dem Schmelzflusse zu erhalten, wie es z. B. mit Feldspath, Augit, Hornblende, Olivin u. a. der Fall war, da konnte man den Gesteinen, in denen diese Mineralien als wesentliche Gemengtheile erscheinen, wenigstens die Möglichkeit einer feuerflüssigen Entstehung nicht mehr absprechen. Manche Mineralien liessen sich nur auf nassem Wege gewinnen, viele gelang es in doppelter Weise darzustellen. Auch da liegt der Schluss auf die Gesteine nahe.

Insofern gerade durch diese und ähnliche Versuche die Kenntniss der wesentlichen Gemengtheile eine erhöhte Bedeutung erhielt, wurde es ganz besonders wichtig, diese Bestandtheile eines Gesteines einzeln zu erkennen, sie aus der Association, in der sie ein Gestein bilden, heraus zu finden, mit einem Worte, mit Sicherheit zu wissen, welche Mineralien dieses oder jenes Gestein bilden. Bei einer grossen Menge von Gesteinen vermag schon das blosse Auge leicht die einzelnen Mineralwesen gesondert zu erkennen. Die grobkörnigen Granite zeigen deutlich die einzelnen Quarz-, Feldspath- und Glimmertheile; dieselben haben oft über Erbsengrösse. Aber sie werden oft auch kleiner, das Gestein feinkörniger. So lassen denn viele Gesteine sich nicht mehr mit blossem Auge, ja nicht einmal mit der Loupe in die einzelnen Mineralelemente zerlegen. Die ganze Klasse scheinbar dichter, homogener Gesteine, die dennoch verborgen krystallinisch sind, ist hier zu nennen. Diese sog. krypto-krystallinischen Gesteine sind Aggregate so feiner und überaus innig verwachsener mineralischer Individuen, dass man nur bei Anwendung starker Vergrösserungsmittel dieselben zu unterscheiden vermag. Hier erscheint es naheliegend, die mikroskopische Hülfe heranzuziehen. Um so mehr, als andere Mittel, deren man sich bediente, um in das Dunkel der mineralischen Constitution solcher Gesteine zu dringen, allein nicht zum Ziele führten. Aus der chemischen Zusammensetzung eines Gesteins konnte man seine einzelnen Mineralien annähernd berechnen. Denn wenn die Zusammensetzung einzelner Mineralien bekannt ist — und man konnte diese durch Analyse der anderwärts isolirt vorkommenden Individuen sich verschaffen — so musste man aus der Gesammtzusammensetzung eines Gesteines einigermassen bestimmen können, ob und in welcher Weise gewisse Mineralien an dem Gemenge Theil nehmen. Theoretisch ist das zwar richtig und theoretisch lassen sich auch treffliche Resultate aus dieser Methode erwarten. Aber ein anderes Gesicht zeigt die Praxis. Weder war es möglich, die chemische Natur einzelner Mineralien genau zu fixiren, da in einem und demselben Minerale mancherlei Schwankungen in der Zusammensetzung sich finden, noch waren die analytischen Untersuchungen der Gesteine selbst hinlänglich scharf. Die Berechnung, oder wie man das zu bezeichnen pflegt, die Interpretation einer Gesteinsanalyse ergab daher schwankende, immer nur mehr oder weniger annähernd richtige Resultate. Jeder unwesentliche Bestandtheil, den man, weil er sich directer Beobachtung vielleicht entzog, nicht in Betracht ziehen konnte, musste die Berechnung stören. So fing man denn auch schon im Anfange dieses Jahrhunderts an, die Gesteine, deren Bestandtheile man kennen lernen wollte, mechanisch zu zerreiben, zu pulvern, die einzelnen Mineralpartikelchen durch sorgfältiges Schlemmen nach ihrem specifischen Gewichte zu sondern und dann mikroskopisch zu beobachten, ähnlich wie man es mit der Kreide und der Infusorienerde that. Mikroskopische Betrachtung, durch chemische Analyse unterstützt, sollte dann die Gesteinsconstitution erkennen lassen. Aber diese Methode war immerhin noch sehr unvollkommen. Der allgemeineren Anwendung des Mikroskopes standen noch technische Schwierigkeiten im Wege. Erst nachdem man es lernte, die Gesteine zu mikroskopischen Objekten genügend zu präpariren, wurden auch die Resultate günstiger. Heute ist die mikroskopische Untersuchung ein unentbehrliches Hülfsmittel, um in Verbindung mit der chemischen Analyse die winzigen Mineralindividuen kennen zu lehren, die ein Gestein bilden. Um in Kürze den Weg anzudeuten, der bei Anstellung dieser Art mikroskopischer Forschung eingeschlagen wird, sei hier einiges über die Darstellung der Präparate gesagt. Es müssen vor allem kleine Theile des Gesteines hinlänglich durchsichtig erhalten werden, um bei durchfallendem Lichte im Mikroskope noch beobachtet werden zu können. Von der Gesteinsmasse selbst hängt es natürlich ab, ob dieselbe leicht durchsichtige Stückchen oder Splitter gibt oder nicht. Es genügen sonst schon dünne abgelöste Partikelchen. In allen Fällen aber ist es besser, Bruchstückchen des Gesteines zu dünnen, durchsichtigen Tafeln zu schleifen. Es ist das eine mühevolle, viel Geduld erfordernde Arbeit. Aber bei guter und passender Wahl der Schleifsteine, bei einiger Uebung in den Manipulationen, ist die Herstellung durchsichtiger Plättchen, die noch dünner werden können wie Schreibpapier, von den meisten Gesteinsarten möglich, und gelingt dieselbe bei sorgfältiger Handhabung mit hinlänglicher Sicherheit. Dadurch ist man nun in der Lage, die Gesteine durch direkte Beobachtung zu prüfen, die einzelnen Gemengtheile und die Art ihrer Verwachsung zu studiren. Die Resultate dieser Methode sind reich und erstaunlich; sie eröffnen uns auch in den Gesteinen, in denen die kleinen Organismen fehlen, eine ganze Welt winziger Erscheinungen, die in ihrer geologischen Verwendung für die Erklärung riesiger Vorgänge von hoher Bedeutung sind.

Dass zunächst die mikroskopische Beobachtung zur Feststellung und genaueren Kenntniss der Gemengtheile der Gesteine führte, ist natürlich. Das war der ursprüngliche Zweck, dem diese Methode diente. Viel Neues und Interessantes wurde da gefunden, manche auf anderem Wege erweckte Vermuthung fand ihre Bestätigung. Aus dem chemischen Verhalten der Phonolithe war es bekannt, dass an ihrer Zusammensetzung ein Mineral Theil nehme, welches sich bei der Einwirkung von Salzsäure zersetzt, und dessen Kieselsäure sich als Gallerte abscheidet. Das Mineral selbst war nicht bekannt, man vermuthete, dass in der Gesteinsmasse Zeolithe vorhanden seien, dachte auch wohl an den Nephelin, der sich allerdings selten in Phonolithen gezeigt hatte. Das Mikroskop führte zum Resultate. Es zeigte sich, dass in der That der Nephelin als Gemengtheil einer grossen Zahl von Phonolithgesteinen in ziemlich reichlicher Menge vorhanden ist und zwar in ganz winzigen, eben nur mit mikroskopischer Hülfe sichtbaren Individuen. Aber nicht nur hier, wo man die Anwesenheit des Minerals wenigstens vermuthet hatte, wies das Mikroskop es nach, es zeigte sich, dass auch in den Basalten und Trachyten diese Mineralwesen in oft grosser Zahl vorhanden seien, und in diesen hatte man ihr Vorhandensein nicht einmal geahnt.

Es ist das bekannte Resultat der herrlichen Forschungen H. Rose's, dass die Kieselsäure in zwei verschiedenen Zuständen in der Natur vorkommt. Die eine Form, im Bergkrystall allgemein bekannt, kommt nur in Krystallen oder krystallinischer Ausbildung vor; die andere, ebenfalls bekannt als Opal, erschien durchaus unkrystallinisch. Dass es eine Krystallform auch dieser als amorph geltenden Kieselerde gab, war nicht bekannt. Als winzig kleine Krystalle wurde sie in verschiedenen vulkanischen Gesteinen gefunden, unter Umständen, die es ausser Zweifel liessen, dass sie durch die Wirkung glühender, durch die vulkanischen Gesteine ziehender Dämpfe gebildet wurden. Das mit Recht nunmehr als vulkanischer Quarz anzusehende Mineral erschien dabei seltsamer Weise in inniger Vergesellschaftung mit dem Schwesterminerale, dem alten Quarze. Welche feinen Unterschiede der Bildungsbedingungen mögen es gewesen sein, die die Kieselsäure so in ihre beiden Formen zwang! Die Verbreitung der neuern Art wurde bald in fast allen trachytischen Gesteinen nachgewiesen, sie erschien geradezu häufig in diesen Gesteinen, und in noch weiterer Verbreitung wies sie das Mikroskop in winzigen Blättchen nach. Wie musste ihre Gegenwart in einem Gesteine störend auf die Interpretation der Analyse wirken. Die Entdeckung derselben wirft ein ganz neues Licht auf die Zusammensetzung mancher an Kieselsäure reichen Gesteine aus der Familie der Trachyte. — Die beiden angeführten Beispiele mögen zeigen, wie die winzigsten mineralischen Einzelwesen von Bedeutung sind für die Aufklärung der Gesteinsgenesis, und wie die mikroskopische Forschung, indem sie das Gebiet der Felsgemengtheile wesentlich bereichert, geologische Resultate gibt.

Schon Boyle hatte in den Zeiten der ersten Mikroskope gegen Ende des 17. Jahrhunderts die Beobachtung gemacht, dass in Krystallen haarfeine, krystallähnliche Einschlüsse fremder Mineralien vorkommen. Diese Beobachtung wurde zwei Jahrhunderte hindurch von Zeit zu Zeit bestätigt, erst in unseren Tagen in ihrer Allgemeinheit und in ihrem wahren Werthe erkannt. Denn auf die Bildungsgeschichte mancher Mineralien und darum auch wieder der Gesteine, zugleich auf die Verhältnisse der Struktur werfen diese Beobachtungen ganz neues Licht. Vorzüglich reich an Einschlüssen solcher fremden Mineralien zeigte sich z. B. der Quarz, vielleicht zum Theil, weil er in leichter Weise sich durchschauen lässt. In ihm findet sich eine ganze Reihe anderer Mineralien in grösseren oder kleineren Formen: metallische Mineralien, Glimmer, Chlorite, Turmalin, Baryt, Kalkspath, Graphit und noch viele andere. Die Einschlüsse sind grösstentheils derart, dass sie auf das deutlichste auf eine Theilnahme des Wassers bei der Entstehung des Quarzes schliessen machen. Denn wenn wir uns den Quarz aus feurigem Schmelzflusse erstarrend denken, wie sollte er wohl Mineralien in sich einschliessen können, die die Schmelzhitze geradezu zerstören müsste; wie wäre es denkbar, dass er Zinkblende, Talk, Amianth, Kalkspath in sich enthalte? Die Kenntniss und das sorgfältige Studium der Einschlüsse in den verschiedensten Mineralien hat wieder zu dem allgemeinen Ergebnisse geführt, dass gewisse Mineralien nur auf nassem Wege gebildet sein können, dass aber eben so gewiss andere Mineralien eine feurigflüssige Entstehung erkennen lassen, dass endlich auch bei einigen beide Arten der Bildung eine gewisse Wahrscheinlichkeit haben. Wenn einerseits das Studium der Einschlüsse zu geologischen Schlussfolgerungen führte, so wurden andererseits dadurch noch interessante physikalische Resultate gewonnen. Die oft regelmässig nach gewissen Richtungen in die Krystalle eingelagerten Einschlüsse zeigten einen deutlichen Einfluss der Krystallgestalt auf diese Anordnung, und gaben merkwürdige Aufschlüsse über manche auf solche Einlagerungen zurückzuführenden optischen Erscheinungen, die man bis dahin nicht recht zu erklären gewusst hatte. Auch für die genaue Kenntniss der chemischen Zusammensetzung der Mineralien waren die Einschlüsse nicht ohne Bedeutung. Denn da sie oft in grosser Menge, den fremdartigsten Stoffen angehörend, in den Mineralien angehäuft erscheinen, so konnte die aus chemischer Analyse gewonnene Ansicht über chemische Constitution eines Minerals nicht mehr als richtig gelten, wenn man die Einschlüsse mit gerechnet hatte. Wo sie deutlich sichtbar sind, wie der Rutil oder Chlorit im Bergkrystall, wird man das eine nicht auf Kosten des Andern bringen; wo sie sich der Beobachtung entziehen, können dagegen wohl falsche Ansichten hervorgerufen werden. Das Mikroskop muss da vor Fehlgriffen warnen.

Mit der fortschreitenden Einsicht, dass die mikroskopische Forschung nutzbringend sei, förderte die weitere Anwendung derselben noch andere winzige Erscheinungen zu Tage, die Schritt für Schritt zur Erkenntniss der Vorgänge ganzer Gebirgsbildung führten. Dass in Edelsteinen und anderen hellen Krystallen Flüssigkeitstropfen mit Gasbläschen von der Grösse mässiger Perlen, oft auch verschwindend klein, vorhanden sind, die wie die Libelle an der Wasserwage sich auf und ab bewegen, war eine Beobachtung, die schon lange bekannt war, oft wieder von folgenden Forschern erwähnt und auf's Neue bestätigt wurde. Aber erst in neuester Zeit, wo das Vorhandensein solcher Flüssigkeitseinschlüsse durch die mikroskopische Untersuchung als fast allgemein in einer Reihe von Gesteinen sich ergab, wurden sie zu geologischer Deutung der Gesteinsentstehung benutzt. Schon früher waren die Flüssigkeitseinschlüsse mit beweglichem Bläschen im Steinsalze gefunden, im Chalcedon, im Quarze, im Diamant, Topas, Bernstein und in andern Mineralien waren sie beschrieben worden und konnten in vielen Fällen schon mit blossem Auge wahrgenommen werden. Auch wurden einzelne Versuche gemacht, die Natur der Flüssigkeit zu erkennen; jedoch wurden dieselben mehr in physikalischer Richtung zur Deutung gewisser eigenthümlicher Lichtbrechungserscheinungen verwerthet, als in geologischer Beziehung. In ganz merkwürdiger Verbreitung und von so mikroskopischer Kleinheit, dass in einem Quadratmillimeter deren noch Tausende erscheinen, wurden diese Flüssigkeitseinschlüsse in den Quarzen mancher Granite gefunden. In einigen waren sie so zahlreich, dass sie den grössten Theil des Volumens ausmachten. Es lässt sich erkennen, dass sie nicht zufällig und nicht etwa durch späteres Eindringen der Verwitterungsfeuchtigkeit entstanden sind, sie erscheinen nicht vorherrschend in zersetzten Parthien des Granites, sondern auch inmitten des frischesten Gesteins. So sind sie ohne Zweifel gleichzeitig mit der Entstehung des Granites gebildet worden. Ihre Verbreitung auch in solchen Gesteinen, über deren Entstehung uns kein Zweifel gestattet ist, da sie sich noch vor unsern Augen vollzieht, in den Laven, lässt uns einen Schritt weiter thun. In den Feldspathen, ja auch den Augiten und Leuciten der echten Laven, der Trachyte der noch thätigen italienischen Vulkane des Aetna und Vesuv, dem Gesteine von Santorin, den Basalten und Trachyten der erloschenen Vulkane Frankreichs und der Eifel erscheinen diese Einschlüsse in gleicher Form, wenn auch lange nicht so zahlreich, wie im Granit. Wenn nun schon die Gemeinsamkeit solcher, zwar winzigen, aber recht charakteristischen Erscheinungen in so verschiedenen Gesteinen von geologischer Bedeutung war, so gewannen sie noch ein erhöhtes Interesse durch die Lösung der Frage nach der Natur der Flüssigkeit. Mehrfache interessante Untersuchungen haben uns darüber aufgeklärt. Es ist unzweifelhaft, dass in vielen dieser Poren Wasser vorhanden ist; in neuvulkanischen Gesteinen, die also aus dem Schmelzflusse erstarrt sind, finden sich Flüssigkeitseinschlüsse, in denen Steinsalzkryställchen sich lösen. Auch andere Wahrnehmungen deuteten auf Wasser hin. Aber weit bedeutender war die Entdeckung der Kohlensäure. In Verbindung mit der Spektralanalyse wurde die Anwesenheit dieses Stoffes in flüssigem Zustande nachgewiesen. Welche Folgerungen aber daraus für die die Bildung solcher Gesteine begleitenden Umstände gezogen werden können, muss klar werden, wenn wir bedenken, dass wir die Kohlensäure im flüssigen Zustande erst bei einem 36fachen Athmosphärendrucke herzustellen vermögen. Welche riesigen Verhältnisse des Druckes müssen also bei den Bildungsprocessen solcher Gesteine herrschend gewesen sein! Das Vorhandensein des Wassers in diesen Poren deutet auf eine allgemeine Theilnahme desselben an der Bildung dieser Gesteine. Das hatte man schon aus anderen Gründen vermuthet, besonders weil man die alle Eruptionen begleitenden intensiven Wasserdämpfe kannte. Durch die reiche Anwesenheit der Flüssigkeitsporen im Granit ist der Schluss gestattet, dass auch bei seiner Entstehung, die uns so fern liegt, ähnliche Vorgänge sich vollzogen. Ein ruhiger Absatz aus dem Wasser kann uns die Erscheinungen nie erklären. Wohl aber hat das Wasser Antheil, und so ist denn die Annahme gerechtfertigt, dass die eruptive Thätigkeit der Granitperiode in höherem Masse durchwässerten, heissen Gesteinsteich lieferte, in dem die Eigenthümlichkeiten der Laven gewissermassen mit wässeriger Bildung vermischt erscheinen. Aus solchem Magma konnte sich auch der Quarz ausscheiden. Genug, es zeigt sich, wie diese winzigen Bildungen Aufschlüsse geben über die fernliegendesten, gewaltigen Vorgänge der Felsbildung.

Es ist eine Erscheinung, die bei vielen Laven und eruptiven Gesteinen erkannt worden war, dass die im Gesteine vorhandenen Blasenräume in der Richtung, in der das Gestein geflossen war, gedehnt erscheinen, oder dass die grösseren, schon dem blossen Auge sichtbaren Krystalle in der gleichen Richtung eine parallele Lagerung zeigen. Diese Erscheinungen gewinnen eine ganz besondere Bedeutung, wenn sie in solchen Gesteinen sich nachweisen lassen, deren Entstehungsgeschichte fraglich erscheinen mag, weil sich im Laufe der Zeiten die eigenthümlichen auf eine eruptive Entstehung hinführenden Lagerungsverhältnisse verwischt haben. Das ist z. B. bei vielen Basalten, noch mehr bei Trachyten und Phonoliten der Fall. Dazu lässt die winzige Ausbildung der einzelnen Gemengtheile manche dieser Gesteine fast als dicht erscheinen, und da sind denn Spuren dieser Art noch schwieriger nachzuweisen. Das Mikroskop aber vermag uns auch hier zu helfen. Man kann sich, um eine Vorstellung von diesen Erscheinungen zu erhalten, eine der in Gebirgsländern häufigen Holzschwemmen vergegenwärtigen, wodurch beispielsweise im Schwarzwald das gefällte Holz durch Wassergewalt die Thäler abwärts transportirt wird. Es geschieht das in der Weise, dass man Sammelteiche aufstaut, die in Stücke von gewissen Längen zersägten Tannenstämme in das Bachbett stürzt und dann plötzlich die Wasser des Sammelteiches loslässt. Gewaltsam stürzen nun von den reissenden Wassern fortgetragen die Stämme thalabwärts, mit Felsblöcken vermischt, grössere und kleinere Holzstücke durcheinander, eine wilde

Fluth. Denke man sich plötzlich eine solche ganze Wassermasse zu Eis erstarrt, und wir würden dann trotz des wilden Durcheinanders der Stämme unzweifelhaft in der Richtung, in der sie gelagert erscheinen, in der Art, wie sie sich vor einander und vor den im Wasser aufragenden Felsblöcken aufstauen, um dieselben ausbiegen, die Spuren der Fluth und ihre Richtung wiedererkennen, auch wenn uns davon vor der Erstarrung nichts bekannt gewesen wäre. Wir würden die Anordnung der Holzpfähle im Eise eine Bewegungserscheinung, eine Fluidalstruktur nennen können. Ganz das Gleiche zeigt sich in winzigem Masstabe in den Gesteinen. Am trefflichsten finden wir den Ausgang zu diesen Beobachtungen in den Laven. Eine solche Lava, die dem blossen Auge als eine dichte, schwarze Schlacke erscheint, ohne dass sich ihre mineralischen Gemengtheile erkennen lassen, zeigt sich, in Dünnschliffen unter dem Mikroskope betrachtet, als ein in einer glasigen Grundmasse liegendes Gemenge grösserer und kleinerer, langprismatischer, weisser Krystalle von Feldspath, lauchgrüner Körner von Augit, zahlreicher, oft deutlich oktaëdrische Krystallform bietender schwarzer Körner von Magneteisen. Alle die langen, weissen Prismen sind, wie die Baumstämme in der Fluth der Schwemme, genau in einer Richtung gelagert. Wo ihnen keine grösseren Krystalle hinderlich sind, geschieht dies mit einer durch das ganze Gestein verfolgbaren, ausserordentlichen Regelmässigkeit. Wo aber grössere Krystalle von Feldspath und Augit oder ein stärkeres Magneteisenkorn im Wege stehn, umgeben sie dieselben stromartig, weichen sichtbar aus und nehmen nachher wieder die gemeinsame Richtung auf. Auseinander gerissene Bruchstücke derselben Krystalle, genau in der Stromrichtung gegen einander verschoben, sind in deutlicher Zusammengehörigkeit erkennbar. Ganz besonders charakteristisch wird die Erscheinung, die also eine Bewegung der Masse, ein Fortfliessen während oder nach der Ausbildung der einzelnen Krystalle beweist, wenn sie genau dieselbe Richtung andeutet, die auch die zahlreichen in die Länge gezogenen und an einer Seite eingedrückten Blasen in der Lava ergeben. Eine Erscheinung ergänzt natürlich die andere. Hier haben wir ja auch ein Gestein, dessen Geflossensein nicht zweifelhaft ist. Wenn wir nun aber ganz die gleichen Erscheinungen und zwar in besonderer Schönheit an vielen Basalten, Trachyten, Melaphyren finden, deren feurigflüssige Entstehung immer noch

Zweifeln unterworfen wird, sind wir da nicht vollkommen zu dem Schlusse berechtiget, dass die Gleichheit der Erscheinung durch die Gleichheit der Bildung bedingt wird, dass auch diese Gesteine einst wie Laven geflossen sein mussten, um solche erstarrte Spuren der stattgehabten Bewegungen hinterlassen zu können? Gerne sehen wir darin wieder das Winzige als unsern Lehrmeister über grossartige Vorgänge, deren Einsicht auf anderm Wege kaum so unmittelbar erschlossen wird.

Wenn ein Gestein feurig-flüssiger Entstehung war, so mussten im allgemeinen ähnliche Bedingungen der Krystallisation vorhanden gewesen sein, wie in den künstlichen z. B. in unsern Hochöfen gebildeten Schlacken und Gläsern. Die Versuche, Gesteine in solcher Weise künstlich darzustellen, gelangen zwar nicht, aber man fand doch, dass wenigstens Mineralbildung sich auch in den Schlacken vollzog. Wenn man alle die fehlenden Bedingungen, die im wesentlichen in ganz langsamer Erkaltung und hohen Druckverhältnissen zu sehen waren, hätte nachahmen können, würde man wohl Resultate erzielt haben. In den Schlacken und Gläsern zeigten sich alle Anfänge der krystallinischen Ausscheidung von Mineralien in ganz gleichen Formen, wie man sie in den natürlichen, vulkanischen Gläsern fand; die Dampfporen jener finden sich ganz so in diesen. In den Gesteinen aber, die aus dem Schmelzflusse zu vollkommenem krystallinischem Gemenge erstarrt waren, mussten sich wenigstens Rückstände der Glasmasse erwarten lassen. Wie die Glasmasse bei der künstlichen Schlackenbildung das Magma, den Teich darstellt, aus dem sich die wenigen Krystalle, — die übrigens in einzelnen Fällen schon so zahlreich werden, dass eine solche Schlacke ein steinigtes Aussehen erhält, — ausschieden, so mussten sich, selbst wenn der Process der Krystallisation in den Gesteinen bis zum fast vollständigen Verbrauche der Glasmasse fortgeschritten ist, dennoch hier und da die Spuren derselben nachweisen lassen. Diese Glasmasse zeigt sich nun in Dünnschliffen unter dem Mikroskope, nicht nur in echten Laven sondern auch in Basalten, Trachyten, Melaphyren und Porphyren. Meist bildet sie die deutliche, echt glasige Grundmasse, mit den nicht zu verkennenden Dampfporen und ersten Anfängen einer Krystallisation erfüllt, wie wir sie aus dem Vergleiche mit künstlicher Glasmasse kennen. Oft erscheinen die spärlichen Reste des unkrystallinisch gebliebenen, ursprünglichen Teiches nur in die Lücken zwischen den Krystallen hineingeklemmt, oder in winzigen Partikeln in Krystallen selbst eingeschlossen. Was wir theoretisch schliessend vermuthen mussten, wies uns das Mikroskop als in der That vorhanden nach. Die Kette der Beweise schliesst sich wieder um ein Glied.

In engem Zusammenhang mit diesen Erscheinungen zeigte das Mikroskop die ersten Anfänge der Krystallisation, über die man schon auf verschiedener Wegen sich Licht zu verschaffen versucht hatte. Es zeigten sich in den natürlichen Gläsern, in der Grundmasse krystallinischer Gesteine und in den Krystallen verschiedener Mineralien selbst winzige kleine Formen, die zwar noch keine polyëdrische Krystallgestalt, aber doch deutliche krystallinische Bestrebungen erkennen lassen. Sie gehören den ersten Stadien der Krystallbildung an. Auch hierfür bieten die Beobachtungen an künstlichen Gläsern und Schlacken zunächst Anhaltspunkte für die Beurtheilung ähnlicher Vorkommnisse in Gesteinen. Ohne auf die Einzelheiten eingehen zu können, ist das Ergebniss etwa folgendes: Es zeigt sich, dass die Krystallisation nicht ursprünglich mit krystalliner Form beginnt, dass vielmehr ein direkter Uebergang aus amorphem, glasartigem Zustande in den krystallinen hinüberführt. Wie uns die Chemie unsichtbare und nicht endliche, kleinste Theilchen der Körper als Grundlage gibt, so werden wir im Krystallisationsprocess zwar sehr kleine aber immerhin endliche, kleinste Theilchen anzunehmen haben, die sich nach Art ihrer chemischen Elementarzusammensetzung nach gewissen Gesetzen gruppiren und so Krystalle bilden. Der Unterschied zwischen amorph und krystallinisch fällt nunmehr weg. Die Uebergangsstadien von einem zum andern zeigt das Mikroskop in Schlacken und Gesteinen. Die Bedingungen, warum gerade hier diese Uebergangsformen sich finden, sind wesentlich darin zu suchen, dass eben in solchen erstarrenden Glasmassen durch die schnelle Erstarrung die Beweglichkeit der Theilchen als Grundbedingung jeder Krystallisation aufhört, und somit sich nur die alleranfänglichsten, auf blosse chemische Vorgänge und molekulare Anziehungen zurückzuführenden Concentrationen vollziehen, aber keine eigentlichen Krystallbildungen. So sind denn nur die aller embryonalsten Anfänge der Krystallbildung in diesen winzigen Formen zu erkennen.

Schritt für Schritt drängt sich uns die Ueberzeugung auf, dass für die Erkenntniss der Zusammensetzung und für das Verständniss der Entstehungsart der krystallinischen Gesteinsarten, wie sie die höchsten Gipfel der Gebirge, so Anden, wie Himalaya, bilden und dennoch in den ewigen Tiefen des unerforschten Erdinnern wurzeln, dass für sie alle das Studium der winzigen mineralischen Einzelwesen, die sie zusammensetzen, mit den winzigen Spuren mannichfacher Bildungsvorgänge unvermeidlich ist. Das Mikroskop, indem es uns einen Einblick in das Reich dieser winzigen Erscheinungen gestattet, fördert wichtige geologische Resultate. — Ihnen reiht sich nun eine Menge Beobachtungen aus etwas anderem Gebiete an.

Zwischen den Gesteinen, deren sedimentäre Entstehung durch unzweifelhafte Zeugen verbürgt und den krystallinischen Gesteinen, deren eruptive Entstehung nach Art der Laven unter mächtiger Mitwirkung des Wassers und vielfach ganz abnormen physikalischen Verhältnissen des Druckes vor sich ging, steht eine Reihe von Gesteinen in der Mitte, die ihren Lagerungsverhältnissen und ihrem Schichtenbau nach zu der Klasse der sedimentären, nach Art ihrer krystallinischen Ausbildung, bei gänzlichem Mangel an Organismen, zur Klasse der eruptiven Gesteine zu gehören scheinen. Die Wissenschaft gab ihnen den Namen der metamorphischen, der umgewandelten Gesteine. Aus Gesteinen, die als Absatz in Gewässern ursprünglich abgeschieden waren, sollten durch gewisse Processe die Kennzeichen dieser sedimentären Entstehung fast bis zum Verschwinden verwischt, dagegen neue Eigenthümlichkeiten und Charaktere, die sonst nur bei eruptiven Gesteinen sich finden, in sie hinein gebildet worden sein. Man hatte in einzelnen Fällen Umwandlungen von Gesteinen mit den unverkennbaren Ursachen, die sie bewirkt, kennen gelernt. Dass Braunkohlen dort, wo sie von Basalten überlagert sind, in einer Weise vercoakt und zu glänzender Pechkohle umgewandelt erscheinen, wie es nur unter dem Einflusse der lavenartig sie bedeckenden heissen Gesteine geschehen konnte, war von zahlreichen Punkten bekannt. Die Erscheinungen waren evident; Kohlenbruchstücke in echter Lava zeigten sich in gleicher Weise umgewandelt; das Experiment gestattete die Ausführung derselben Umwandlung und schloss die Akten der Beweisführung. In ähnlicher Weise zeigten sich dichte Kalksteine in der Berührung mit eruptiven Gesteinen in krystallinisch körnigen Marmor umgewandelt. Von solchen unbestreitbar richtigen Beobachtungen ausgehend wurde nun im allgemeinen der Schluss gezogen, dass wohl alle jene Gesteine, deren gemischt sedimentär-eruptive Charaktere sie als umgewandelte kennzeichnen, durch Umwandlungsprocesse zu erklären seien, als deren Hauptursache nahe gelegene eruptive Gesteine anzusehen seien. Die Contaktmetamorphose damit bezeichnete man die Umwandlung in Berührung mit einem andern Gesteine musste für alle solche Gesteine herhalten. Es schützte weder die oft ungeheure Ausdehnung der Umwandlungsgebiete, noch die riesige Entfernung von dem wirksamen, eruptiven Gesteine, noch das Zwischenschieben unveränderter Gesteinszonen zwischen Ursache und Wirkung vor geradezu schrankenloser Anwendung der Theorie der Contaktwirkungen auf alle Gesteine ohne Ausnahme, die das Unglück einer solchen Zwitterstellung hatten. Es waren die riesigsten Umwandlungsprocesse, die da manchesmal zur Erklärung nöthig waren. Kleine Basalthügel sollten Gesteinsmassen, die ihnen selbst an Umfang um das zehnfache überlegen waren, gewaltsam verändert haben; die Zone der Umwandlung erstreckte sich manches Mal über meilenweite Gebiete, und dennoch sollte die Veränderung durch das Hervorbrechen eruptiver Gesteinsmassen an einem Punkte hervorgebracht worden sein. Solchen riesigen und gewaltsamen Vorgängen war nichts unmöglich. Aber das sorgfältige Studium der Einzelheiten solcher schwer zu erklärender Gesteinsumwandlung, das genaue Betrachten der einzelnen dabei mitleidenden Mineralwesen gab bald eine Menge Thatsachen an die Hand, die es wahrscheinlich machten, dass nicht solche riesige, energievolle Processe es waren, die uns über die dunkeln Vorgänge des Metamorphismus Licht zu verbreiten versprachen, sondern ruhige Entwicklungs- und Umgestaltungsprocesse, die Atom für Atom fortschreitend, ein Mineralindividuum nach dem andern sich unterwarfen und unter Mitwirkung der mannigfaltigsten, im Verborgenen unausgesetzt thätigen, chemischen Kräfte endlich ganze Gebirgsmassen umbildeten. Es waren nicht gewaltsame Katastrophen und Revolutionen, sondern ein nach unveränderlichen Gesetzen auf winzigen Wegen durch lange Zeiträume ruhig fortschreitender Entwicklungsgang. So gestaltete sich ein neuer Zweig unserer Wissenschaft, die Entwicklungsgeschichte der Mineralien. Wie wir sahen, dass die Fortpflanzungsbedingungen, der sich immer wiederholende Process des Geborenwerdens und Absterbens, in der Reihe der Organismen, die wir als felsenbildende erkannt haben, die grösste Bedeutung hat, so erscheint es auch wesentlich, die Wege zu erforschen, auf denen die Zersetzung und das Absterben der Mineralindividuen und die gleichsam auf ihren Leichen erfolgenden Neubildungen anderer Mineralien sich vollziehen. Denn auch das unorganische Wesen ist nicht ewig, und nichts ist ungerechtfertigter, als von den ewigen, unwandelbaren Säulen der Gebirge als den Grundfesten der Erde zu reden. Sie sind vergänglich wie die winzigen Mineralien, aus denen sie bestehn.

Die Zerstörungs- und Zersetzungsprocesse der Mineralien bilden die Grundlage zu diesen Betrachtungen. Das Material der Zerstörungsproducte ist eben der Keim zur Entstehung neuer Wesen im unorganischen Reiche. In überraschend grosser Zahl treten uns die deutlichen Nachweise solcher geschehener Umwandlungen und Neubildungen aus der Reihe der Mineralien entgegen.

Es ist bekannt, dass einem Mineralindividuum eine ganz bestimmte für dieses Einzelwesen geradezu charakteristische Form zukommt. Die Krystalle sind diese individuell ausgeprägten Formen. Das Gold krystallisirt in Oktaëdern, das Steinsalz und der Flussspath in Würfeln, der Granat in den von zwölf Rhomben begrenzten Granatoëdern; Säulenform mit einer pyramidalen Endigung zeigt der Bergkrystall, Rhomboëder und complicirte aber nach Winkeln und physikalischem Verhalten scharf ausgesprochene Formen der Kalkspath. An dieser Krystallform erkennt das Auge des geübten Forschers mit Sicherheit das Mineral. Nun ist es aber eine nicht seltene Erscheinung, dass ein Mineral in einer ihm ganz fremden Form erscheint. Es findet sich der Quarz in den ihm nicht zugehörigen Formen des Flussspathes, also in Würfeln; es kommt der Kalkspath in den Formen des Granates vor, Gyps in den Formen des Steinsalzes, Brauneisenstein in denen des Bleiglanzes und so eine ganze Reihe. Es sind Umwandlungsprocesse der verschiedensten Art, die diese Wesen in fremder Gestalt geschaffen haben. Es können hier nicht die vielartigen Einzelheiten der ganzen Reihe von Umbildungsformen und ihre Uebergangsstadien aufgezählt werden, die das Reich der Pseudomorphosen, der Mineralien in Gestalt und Form anderer, zu einem so interessanten Gebietein der Geologie machen. Wenige Beispiele mögen genügen, um ihre Bedeutsamkeit darzuthun.

Ein recht klares Beispiel gibt uns der Dolomit, die Doppelverbindung aus kohlensaurem Kalke und kohlensaurer Magnesia in der Gestalt des Kalkspathes, des kohlensauren Kalkes. Hier ist das Faktum einer Umwandlung deutlich. Ein Theil des kohlensauren Kalkes ist durch kohlensaure Magnesia ersetzt worden. Nach welchen chemischen Gesetzen und aus welchen Gründen der Umtausch geschehen ist, kann hier zunächst unberücksichtigt bleiben. Aber dass es nicht anders geschah, als dass ein Theilchen Kalkspath nach dem andern der eindringenden kohlensauren Magnesia weichen und Platz machen musste, während die Form erhalten blieb, erscheint nicht zweifelhaft. Was wir am winzigen Einzelwesen sich vollziehen sehn, kann gerade so gut die grösste Summe solcher Einzelwesen in Gemeinschaft treffen. So können denn ähnliche, lang dauernde Umwandlungen ganze Felsmassen von kohlensaurem Kalk in die Doppelverbindung des kohlensauren Kalkes und der kohlensauren Magnesia umwandeln; der einzelne, winzige Vorgang muss sich nur mit Hülfe langer Zeiträume hinlänglich oft summiren. Die prachtvollen Dolomitgebirge des südlichen Tyrol, die die malerischen Reize des Ampezzanerthales, den Hintergrund des Grödenerthales bilden, deren formenreiche Zinnen man auf dem Markte in Bozen Abends in rosafarbenem Schimmer erglühen sieht, sind so auf dem Wege des ein Einzelwesen von Kalkspath nach dem andern erfassenden Processes der Dolomitisirung umgebildet worden. Und wie das kleine, in den Formen des Kalkspathes erscheinende Dolomitindividuum in seiner zelligen, porösen Struktur uns zeigt, dass mit der Umwandlung eine Volumenverminderung verbunden war, so geben uns die zerklüfteten und von hohlen Räumen erfüllten Felsmassen der Dolomitgebirge einen weiteren Beweis für die Identität der das Kleine wie das Grosse umwandelnden Wirkungen.

Kaolin, die für die Fabrikation aller feineren Töpferwaaren wichtige Porcellanerde, findet sich nicht selten in den Formen des Feldspathes. Und wie wir die Umwandlung des winzigsten Einzelwesens von Feldspath stadienweise bis zu seiner vollkommenen Kaolinisirung verfolgen können, so finden wir dann auch ganze feldspathreiche Gesteine, so namentlich Granite und Porphyre an Ort und Stelle durch einen alle Feldspathwesen nach und nach umfassenden Zersetzungsprocess in Kaolinlager umgewandelt. Die deutlichsten Uebergänge aus noch frischem Gestein bis zum Kaolin bringen diesen Vorgang zur Evidenz. So sind die granitischen Kaolinlager von Carlsbad in Böhmen und von St. Yrieix bei Limoges in Frankreich entstanden, an die sich eine reiche Industrie knüpft.

Talk, Serpentin, Chlorit finden sich in den Formen einer ganzen Reihe anderer Mineralien. Dieselben Processe, die die Einzelwesen in Talk, Serpentin und Chlorit umgewandelt haben, nur die Form als Zeichen der früheren Art zurücklassend, sind in den Gesteinen thätig. Darum gerade gehören diese Produkte der Zersetzung zu den häufigsten. Alle Gesteine, in denen eines dieser Umwandlungsprodukte als wesentlicher Gemengtheil sich findet, müssen daher mit Recht als metamorphosirte angesprochen werden. Noch eine Reihe weiterer Beispiele könnte hier angeführt werden, es genügen schon die vorstehenden.

Um aber den Wegen der Zersetzung nachzuspüren, sie in ihren Anfängen zu belauschen, in ihrem langsamen, stillen Weiterarbeiten zu verfolgen, dazu ist uns wieder die Methode der mikroskopischen Beobachtung trefflich zu Hülfe gekommen. Wenn wir ein anscheinend frisches, jedenfalls aber geologisch junges Gestein, z. B. eine Lava, in Dünnschliffen unter dem Mikroskope betrachten, so finden wir hier schon die zwar winzigen, aber unverkennbaren Spuren solcher Zersetzungs- und Umwandlungsprocesse. Wenn man auch behauptet hat, es seien diese Laven unzersetzbar, und so wie sie vor Jahrtausenden sich gebildet hätten, so wären sie unverändert auch noch jetzt, so gibt uns darauf ein Blick in die mikroskopischen Erscheinungen in solchen Gesteinen die richtige Gegenantwort. Da finden wir die unendlich feinsten Spalten, die wie ein Netz in den Gesteinen verbreitet sind und den Zutritt der die Zersetzung bewirkenden Atmosphärilien gestatten. An unendlich vielen Punkten kann der Angriff zugleich geschehn. Wenn dazu, wie dieses gerade bei den Laven der Fall ist, das Gestein eine poröse Struktur hat, so wird die Circulation der Zersetzungsmittel noch begünstigt und die Erscheinung der geschehenen Umwandlung deutlicher. Ein in den Laven fast allgemein verbreiteter Bestandtheil ist das Magneteisen, welches in winzig kleinen Körnern oder auch kleinen oktaëdrischen Krystallen durch die ganze Masse solcher Gesteine zerstreut liegt. Hier zeigen sich die Spuren einer Zersetzung zuerst. Das Magneteisen wird leicht schon durch schwach kohlensäurehaltiges Wasser oder durch dem fruchtbaren Pflanzenboden entstammende organische Säuren in reines Eisenoxyd oder ein Gemenge dieses mit dem Hydrat des Oxydes umgewandelt. So erscheint denn bei anscheinend ganz frischem Gesteine fast jedes Körnchen des Magneteisens von einer braunen Zone umgeben, die eben Eisenoxyd ist. Wenn die Zersetzung fortschreitet, wird endlich das ganze Körnchen oder der Krystall von Magneteisen in dieser Weise ausgelaugt und umgewandelt. Die Vollendung des Processes bietet sich uns in den braunrothen und durchscheinenden deutlichen Oktaëderformen, die sich in Dünnschliffen solcher Gesteine finden. Die Pseudomorphose von Eisenoxyd nach Magneteisen ist vollendet, eine Pseudomorphose, die wir auch anderswo in grösseren Formen kennen, z. B. die Oktaëder von Eisenglanz aus der Auvergne. Aehnliche Erscheinungen finden wir an andern Mineralien. Man weiss, dass Serpentin, dieses erdige Mineral in den Formen des Olivin erscheint, der ein so charakteristisches Mineral unserer Basalte ist. In den winzig kleinen Olivinkörnern, wie sie sich in Dünnschliffen basaltischer Gesteine zeigen, finden wir die Anfänge und weiteren Stadien dieser Umwandlung angedeutet. Die Olivinkrystalle sind von einem System von Spalten durchzogen, und von den Spalten ausgehend ist nach beiden Seiten die Farbe stark verändert, sie ist gelb, oft tief rothbraun, und ebenso ist die äussere Grenze jedes Olivinkornes eine solche braunrothe Zone. Die Zersetzung beginnt auch hier mit einer Wandelung des Eisenoxydulgehaltes im Olivin, daher der Uebergang der grünen Farbe in die rothe des Oxydes. Endlich geht auch ein Theil des dem Olivin angehörigen Magnesiagehaltes verloren, dagegen tritt das Wasser, zugleich das Medium der Zersetzung, an die Stelle. So wird der ganze Olivin zu Serpentin. Eine weitgehende, geologische Bedeutung gewinnt diese Beobachtung, wenn wir daraus die Thatsache folgern, dass gewiss der Olivin in der Entwicklungsreihe der Mineralien überhaupt für das Muttermineral des so weit verbreiteten Serpentin gelten muss.

Man hat so oft Gewicht darauf gelegt, dass die Anwesenheit der Zeolithe, dieser wasserhaltigen Silicatmineralien, in vielen der Gesteine, denen man eine vulkanische Bildung zuschreibt, z. B. den Basalten und Trachyten, geradezu die Unmöglichkeit der feurig-flüssigen Entstehung dieser Gesteine dokumentirt. Nur dem oberflächlichen Beurtheiler aber konnte es entgehn, dass die Zeolithe sich erst später aus den in den Gesteinen ursprünglich vorhandenen Mineralien gebildet haben. Daher zeigen sie sich auch nie in regelmässiger Verwachsung mit den primitiven Mineralien der Gesteine, und selbst die sorgfältigste Durchforschung mit mikroskopischer Hülfe hat noch nicht den kleinsten Zeolithen so nachgewiesen, dass seine innige untrennbare Verwachsung mit den wesentlichen Gemengtheilen eines vulkanischen Gesteines ersichtlich war. Im Gegentheile, sie erscheinen stets in den Poren und Blasenräumen der Gesteine. Selbst dort, wo sie in winziger mikroskopischer Kleinheit in Dünnschliffen sich zeigen, werden sie dieser in ihrer Genesis bedingten Form des Vorkommens nicht untreu. Wenn wir aber bedenken, dass die Zeolithe ihrer Zusammensetzung nach nichts anderes sind, als Feldspathe mit hohem Wassergehalte, hydratisirte Feldspathe, so ist es unschwer, ihre Entstehung sich zu erklären. Das Mikroskop zeigt uns den Beginn und den Fortschritt der Verwitterung in den Feldspathen in höherem Masse, als man vermuthet. Fast alle Feldspathe sind nicht mehr klar und durchsichtig, sie erscheinen rissig, von einem System von feinen Haarspalten durchzogen. Der Transport und die Fortbewegung lösender und zersetzender Flüssigkeit spricht sich zunächst darin aus, dass Eisenoxydhydratbläschen auf diesen Spalten und von ihnen aus mannichfach in das Innere der Krystalle eintreten. Der Krystall wird vollkommen matt, die Umwandlung schreitet von Molekül zu Molekül fort, und der Feldspath geht ersichtlich der Kaolinisirung entgegen. Bei diesem Processe aber werden die Bestandtheile der Feldspathe von den zersetzenden Wassern aufgenommen und fortgeführt. An der nächsten passenden Stelle, und als solche bieten sich vor allem die feinen Poren und Spalten oder auch grösseren Hohlräume dar, wird dann die hydratisirte Feldspathmasse in der Form oft herrlicher Krystallgebilde von Zeolithen wieder niedergelegt. So erscheinen die verschiedenen Arten aus der Familie der Zeolithe als Ausfüllung der Blasenräume in den Basalten. Oft wird aber auch der Zeolith weit entfernt von dem Feldspathe geboren, der ihn erzeugt hat und mag dann in einem Gesteine als fremder Eindringling erscheinen, da er ihm nicht entstammen kann. Nur dadurch ist z. B. das Vorkommen von Zeolithen auf Lagerstätten zu erklären, die gar nichts in ihrer chemischen Natur mit ihm gemein haben, z. B. auf den Blei- und

Silbergängen zu Andreasberg im Harze und a. a. Orten. Seine Abkunft von den Feldspathen kann er aber auch dort nicht verleugnen. Dass solche Wandelung einem ganzen Gestein einen zeolithischen Charakter verleihen kann, ist unschwer einzusehn. In den Phonoliten ist ein Zeolithgehalt geradezu charakteristisch; dass er durch Zersetzung und Umwandlung feldspathiger Bestandtheile in trachytischen Gesteinen herrührt, ist unzweifelhaft.

Die angeführten Beispiele mögen genügen, um zu zeigen, wie sich die Entwicklung der Mineralien, des einen aus dem anderen, vollzieht. Nicht immer sind es so einfache Processe der Umwandlung, wie in den geschilderten Fällen. Oft waren es recht complicirte, gar nicht leicht zu deutende Vorgänge, die aus dem einen Mineral ein anderes schufen, das zu ihm kaum mehr in verwandschaftlicher Beziehung zu stehen scheint. Hier könnte man eine nicht unpassende Bezeichnung aus dem Reiche der Organismen in den Kreis der anorganischen Natur hinüberführen. Man könnte auch hier von Generationswechsel reden, womit man eben solche Vorgänge bezeichnen würde, dass ein Mineral nicht die ihm natürlichen Tochterminerale hervorbrächte, sondern durch mannigfache, oft nicht ganz zu erkennende Uebergänge endlich ein dem Wesen nach vollkommen fremdes, ganz anders geartetes Mineralindividuum schuf und in der eigenen Gestalt zurückliess. Wenn wir uns in solchen Fällen nicht immer klar die Art und Weise vorstellen können, wie durch eine Reihe von Zwischenstufen so zwei ganz verschiedene Mineralien in eine gewisse verwandtschaftliche Beziehung zu bringen sind, so beruht das vorzüglich auf der Schwierigkeit, solche Vorgänge in ihren einzelnen Stadien zu beobachten. Oft ist es allerdings möglich, solche in der Umwandlung begriffene Mineralien zu finden, wo der äussere Krystall bereits verwandelt erscheint, im Innern aber noch der unzersetzte Kern des in die Krystallform passenden ursprünglichen Minerals vorhanden ist. Dort ist also das Muttermineral mit Sicherheit zu erkennen. In den meisten Fällen begegnen wir leider hier vollendeten Thatsachen. Die Umwandlung geschah, das zeigt uns die fremde Form an; für das wie und durch welche Mittel ist uns kein Anhalt gegeben. Wenn wir Quarz in den charakteristischen Formen des Kalkspathes finden, so wird es uns wohl unzweifelhaft erscheinen, dass hier eine complicirte Verdrängung des kohlensauren Kalkes durch die Kieselsäure stattgefunden hat. Theoretisch erscheint der Uebergang aus Kalkspath in Quarz erwiesen. Und wie dies für das einzelne Individuum richtig ist, so steht auch der Annahme theoretisch nichts im Wege, dass ganze Kalkgebirge in Silicatgebirge umgewandelt werden könnten. Die Frage nach der Entstehung der sog. metamorphischen Gesteine wird durch solche Betrachtung zwar eher verwickelt, als gelöst, aber dennoch scheint es als gewiss, dass wir nur durch eine anstrengende und mühevolle Reise durch das hin und wieder noch ganz unbekannte Land der Mineralentwicklung und Umwandlung zu einem Ziele gelangen können. Die Mittel und wirksamen Agentien solcher Umwandlungen sind uns wenigstens bekannt. Wenn seltenere Umwandlungen auf die Einwirkung besonders von Gasexhalationen z. B. der Salzsäure zurückzuführen sind; wenn Schwefelwasserstoff, Schwefelsäure, Phosphorsäure nachweislich locale, nicht gerade verbreitete Mineralwandlungen bewirken; wenn der überall vorhandene Sauerstoff, neue Mineralarten aus vorhandenen durch höhere Oxydation zu schaffen vermag, so ist doch die Thätigkeit dieser Agentien gering gegen den Antheil, den das Wasser und die Kohlensäure an Zersetzungs- und Umwandlungs-Processen im Mineralreiche nehmen. Die Thätigkeit des Wassers, die wir in einzelnen Beispielen schon kennen gelernt haben, ist eine unendlich vielseitige und nie aufhörende, es ist die Grundbedingung aller Mineralwandelung überhaupt, denn auch die anderen Agentien können erst dann zur Wirksamkeit gelangen, wenn sie im Verein mit Wasser thätig sind. Sie müssen entweder selbst im Wasser gelöst sein, oder die Minerale, die sie umgestalten wollen, müssen in Wasser löslich sein. Vor allem wirkt die Kohlensäure, dieser zweite verbreitetste Zersetzungsstoff, vorzüglich im Verbande mit Wasser. Beide besitzen gleichzeitig die weiteste Verbreitung. Wo Thiere athmen, Organismen verbrennen und faulen, wo Solfataren aushauchen, überall wird Kohlensäure producirt, die im Wasser allenthalben den nothwendigen Genossen für ihre Arbeit findet. Die Thätigkeit der kohlensäurehaltigen Wasser ist die eigentliche Grundbedingung des Stoffwechsels im Mineralreiche. Dadurch wird einerseits die Zersetzung, andererseits die Zuführung von Bestandtheilen bewirkt. Was an der einen Stelle das kohlensäurehaltige Wasser in sich aufgenommen hat, dort wegführt, an anderm Orte setzt es das ab und führt zu. So vollzieht sich weitaus der grösste Theil der metamorphischen Vorgänge auch in den Gesteinen. Und wenn wir gesehn haben, dass es in der That gelang, die winzigen Wege und Anfänge solcher Umwandlungsprocesse durch mikroskopische Beobachtung zu entdecken und zu belauschen, so mag das ein Fingerzeig sein für die fernerhin einzuschlagende Richtung in diesen Studien. Nur, wenn die mikroskopische Forschung, die schon manches Neue zu Tage gefördert hat, allgemeine Anwendung findet, erscheint es möglich, die zu wissenschaftlichen Resultaten nöthige Zahl genauer Einzelbeobachtungen zu erhalten. Dass ein sorgsames Studium der winzigen Erscheinungen auch im Gebiete der metamorphischen Gesteine Licht über viele noch unbekannte oder unverstandene Vorgänge zu werfen vermag, wird nach dem Vorhergehenden wohl Niemanden als eine zu kühne Behauptung erscheinen. Es wird das zur allgemeineren Bestätigung der vereinzelt bereits feststehenden Erfahrung führen, dass es nicht so sehr gewaltige, energievolle, kurze Einwirkungen gewesen seien, die die ausgedehntesten Umwandlungen der Gesteine hervorriefen, sondern äusserst schwache und zarte auf den chemischen Verwandschaftsverhältnissen basirende Vorgänge, die während langer Zeiträume unausgesetzt in Thätigkeit waren, so winzige Produkte zu riesiger Gesammtheit summirend.

Wir stehen am Schlusse unserer Betrachtung. Da könnte es fast scheinen, als ob wir in denselben Fehler verfallen wollten, den wir am Eingange getadelt haben. Es wurde dort von einer unbegründeten Verallgemeinerung specieller Erfahrungen auf vulkanischem Gebiete gesprochen. Auch hier werden noch vereinzelt dastehende Beobachtungen dazu benutzt, allgemeinere Folgerungen auf eine ganze Reihe von Gesteinen zu ziehen, denen viele andere Forscher andere Entstehung zuschreiben, indem sie eruptive Thätigkeit mit heranziehen. Wenn es daher Pflicht erscheint, einzugestehen, dass in der That weder nach der einen noch nach der andern Seite eine definitive, abschliessende Entscheidung möglich ist, so führt das naturgemäss darauf zurück, was ebenfalls früher schon gesagt wurde. Die richtige Erkenntniss beruht nicht in schrankenlosem Auseinandergehn in die Extreme. Die Annahme hat die grösste Berechtigung, dass nur ein massvolles Geltenlassen der riesigen vulkanischen Kräfte und der winzigen Thätigkeit des Tropfens uns das richtige Verständniss geologischer Bildungen erschliesst. Dazu ist eine nie genug zu betonende Bedingung, dass geognostische Beobachtung und chemisch-physikalische Kenntniss sich vereinigen. So wenig wie es uns bei noch so überlegter Anwendung experimenteller Mittel gelingen will, die Bildungsvorgänge der Natur alle nachzuahmen, so wenig kann Chemie und Physik allein darüber entscheiden, wie sich Gesteine gebildet haben. Die Untersuchung der geognostischen Verhältnisse muss die auf chemisch-physikalischen Grundsätzen basirenden Annahmen unterstützen. So erscheint denn auch nichts weniger gerechtfertigt, als wenn die Chemie nur vom Studiertische und Arbeitszimmer aus die Möglichkeit mancher geologischen Vorgänge bestreitet. Selbstverständlich darf aber auch der Geognost nicht ohne weiteres nur nach dem Anscheine, nach den Lagerungsverhältnissen und dem Vorkommen entscheiden, chemisch und physikalisch unmögliche Processe, darf er der Natur nicht zumuthen. Wo aber in den geognostischen Formen die Ueberzeugung von vulkanischer Entstehung gewisser Gesteine z. B. der Basalte und Trachyte unleugbar sich aufdrängt, wie es z. B. in den herrlichen Gebieten unserer vulkanischen Eifel und Centralfrankreichs der Fall ist, da wird uns auch nie die Chemie und Physik einen solchen Zwiespalt in der eigenen Ueberzeugung schaffen, dort findet sich alles in vollstem und schönstem Einklang.

Beiden Theilen muss ihr begründeter Antheil an der Ausbildung und Gestaltung der Erdkruste gelassen werden: dem Vulkanismus als dem Träger des Riesigen; dem Wasser und seinen Begleitern als dem Medium des Winzigen.